DIREITO AMBIENTAL E EMPRESAS SUSTENTÁVEIS

O GEN | Grupo Editorial Nacional – maior plataforma editorial brasileira no segmento científico, técnico e profissional – publica conteúdos nas áreas de concursos, ciências jurídicas, humanas, exatas, da saúde e sociais aplicadas, além de prover serviços direcionados à educação continuada.

As editoras que integram o GEN, das mais respeitadas no mercado editorial, construíram catálogos inigualáveis, com obras decisivas para a formação acadêmica e o aperfeiçoamento de várias gerações de profissionais e estudantes, tendo se tornado sinônimo de qualidade e seriedade.

A missão do GEN e dos núcleos de conteúdo que o compõem é prover a melhor informação científica e distribuí-la de maneira flexível e conveniente, a preços justos, gerando benefícios e servindo a autores, docentes, livreiros, funcionários, colaboradores e acionistas.

Nosso comportamento ético incondicional e nossa responsabilidade social e ambiental são reforçados pela natureza educacional de nossa atividade e dão sustentabilidade ao crescimento contínuo e à rentabilidade do grupo.

TERENCE TRENNEPOHL

DIREITO AMBIENTAL E EMPRESAS SUSTENTÁVEIS

Apresentação
Daniel C. Esty
Hillhouse Professor of Environmental Law and Policy
Yale University

Prefácio
Marcelo Navarro Ribeiro Dantas
Ministro do STJ

3ª edição

2025

- O autor deste livro e a editora empenharam seus melhores esforços para assegurar que as informações e os procedimentos apresentados no texto estejam em acordo com os padrões aceitos à época da publicação, *e todos os dados foram atualizados pelo autor até a data de fechamento da obra*. Entretanto, tendo em conta a evolução das ciências, as atualizações legislativas, as mudanças regulamentares governamentais e o constante fluxo de novas informações sobre os temas que constam do livro, recomendamos enfaticamente que os leitores consultem sempre outras fontes fidedignas, de modo a se certificarem de que as informações contidas no texto estão corretas e de que não houve alterações nas recomendações ou na legislação regulamentadora.
- Data do fechamento do livro: 31/03/2025
- O autor e a editora se empenharam para citar adequadamente e dar o devido crédito a todos os detentores de direitos autorais de qualquer material utilizado neste livro, dispondo-se a possíveis acertos posteriores caso, inadvertida e involuntariamente, a identificação de algum deles tenha sido omitida.
- Direitos exclusivos para a língua portuguesa
  Copyright ©2025 by
  Saraiva Jur, um selo da SRV Editora Ltda.
  Uma editora integrante do GEN | Grupo Editorial Nacional
  Travessa do Ouvidor, 11
  Rio de Janeiro – RJ – 20040-040
- **Atendimento ao cliente: https://www.editoradodireito.com.br/contato**
- Reservados todos os direitos. É proibida a duplicação ou reprodução deste volume, no todo ou em parte, em quaisquer formas ou por quaisquer meios (eletrônico, mecânico, gravação, fotocópia, distribuição pela Internet ou outros), sem permissão, por escrito, da **SRV Editora Ltda.**
- Capa: Tiago Dela Rosa
  Diagramação: Fernanda Matajs
- **DADOS INTERNACIONAIS DE CATALOGAÇÃO NA PUBLICAÇÃO (CIP)**
  VAGNER RODOLFO DA SILVA – CRB-8/9410

T794d   Trennepohl, Terence
Direito Ambiental e Empresas Sustentáveis / Terence Trennepohl. – 3. ed. – São Paulo: Saraiva Jur, 2025.
240 p.

ISBN: 978-85-5362-400-3 (impresso)

1. Direito ambiental. I. Título.

2025-1127
CDD 341.347
CDU 34:502.7

Índices para catálogo sistemático:
1. Direito ambiental   341.347
2. Direito ambiental   34:502.7

Para Anna,
que me fez compreender Fernando Pessoa.

"Sinto-me nascido a cada momento
para a eterna novidade do mundo."

(**O guardador de rebanhos**. Porto:
Editora Civilização. 1997, p. 25)

"No direito, se queremos estudá-lo cientificamente como ramo positivo do conhecimento, quase todas as ciências são convocadas pelos cientistas. A extrema complexidade dos fenômenos implica a diversidade do saber. As matemáticas, a geometria, a física e a química, a biologia, a geologia, a zoologia e a botânica, a climatologia, a antropologia e a etnografia, a economia política e tantas outras constituem mananciais em que o sábio da ciência jurídica bebe o que lhe é mister. Nas portas das escolas de direito devia estar escrito: aqui não entrará quem não for sociólogo. E o sociólogo supõe o matemático, o físico, o biólogo. É flor de cultura."

(PONTES DE MIRANDA, Francisco Cavalcanti. **Introdução à política científica**. Rio de Janeiro: Forense, 1983, p. 16)

"Amanhã, e amanhã, e ainda amanhã,
Arrastam nesse passo o dia a dia
Até o fim do tempo prenotado.
E todo ontem conduziu os tolos
À via em pó da morte. Apaga, vela!
A vida é só sombra: um mau ator
Que grita e se debate pelo palco,
Depois é esquecido; é uma história
Que conta o idiota, toda som e fúria,
Sem querer dizer nada."
Macbeth

(William Shakespeare. **Teatro completo**.
Tradução: Barbara Heliodora. São Paulo:
Nova Aguilar, 2016. v. 1. p. 746)

AGRADECIMENTOS

É chegada a hora de agradecer por mais uma edição deste livro. Despretensioso, como algumas ideias, nasceu modestamente, tendo sido resultado da conclusão do meu doutorado na querida e tão importante Faculdade de Direito *"do"* Recife, na Universidade Federal de Pernambuco.

Pesquisar e escrever são atos individuais, que se praticam a sós, em momentos de dedicação muito exigidos para quem a eles se propõe. Mas este livro foi escrito enquanto muitas pessoas, muitos amigos, foram coautores, mesmo sem saber disso.

Inicialmente, registro meu carinho, admiração e enorme respeito ao meu orientador, Prof. Dr. Andreas Joachim Krell, referência constante em meus estudos ambientais, que teve uma importantíssima contribuição, decorrente das suas lições em sala de aula.

Também expresso meu agradecimento aos integrantes da Banca Examinadora, Drs. André Régis, Artur Stamford, Sérgio Torres e, muito especialmente, aos queridos amigos Dirley da Cunha Jr. – cujos frequentes encontros na ensolarada Salvador me enchem de alegria a cada verão – e Marcos Nóbrega, este último pelo empenho em cobrar, diariamente, a conclusão desta tese, também pela sua total responsabilidade e comprometimento com minha ida para o pós-doutorado na Universidade de Harvard, imediatamente após a sua defesa, e, acima de tudo, pela fraternidade e carinho – quiçá de "irmão" mais velho – em todos estes anos de convívio mais amiúde.

A Paulo Roberto de Oliveira Lima, que me ensinou muito sobre Direito, literatura, poesia, música e me incentivou a seguir carreira na advocacia privada.

A Felipe Peixoto Braga Netto, um dos maiores nomes do Direito Civil atual, tão bom cronista quanto jurista, pelo constante apoio e incentivo.

A toda a equipe da Saraiva Jur, principalmente a querida Deborah Caetano, pela atenção e cuidado dedicados na elaboração desta nova edição.

Registro minha especial homenagem aos Professores José Souto Maior Borges (*in memoriam*) e Ives Gandra da Silva Martins, referências intelectuais em meus primevos anos de estudo, inspirações permanentes nos meus passos acadêmicos.

Ao fim de tantos registros, agradeço ao estimado amigo Marcelo Navarro Ribeiro Dantas, cujas palavras prefaciais – merecidas ou não – indicam que estamos no caminho certo.

Por fim, a minha Família, pequena no número, enorme na expressão, para onde recorro quando falta ar e onde busco inspiração para o dia a dia.

São Paulo, março de 2025.

PREFÁCIO À 3ª EDIÇÃO

(para ser lido ouvindo a Sinfonia do Novo Mundo)

Meu amigo Terence Trennepohl pede um prefácio para a 3ª edição do seu **Direito Ambiental e Empresas Sustentáveis**. O livro é um dos melhores e mais vendidos do Brasil na área. E, na verdade, nem a obra nem seu autor precisam de apresentação.

Ainda assim o convite me deixou muito feliz só para poder, de público, dizer bem dele e do seu trabalho.

Este livro, concluído nos idos de 2009, é o resultado do Doutorado de Terence, e desde lá foi cuidadosamente atualizado e devidamente ampliado, mas já de início sempre foi excelente e inovador.

Na época, disse sobre ele ninguém menos que Ives Gandra Martins:

> *"É uma tese de doutoramento que foi aprovada com nota máxima. (...) É para ser lido por tantos quantos se interessem pelo principal desafio que o mundo enfrentará neste século XXI, ou seja, como tornar o nosso planeta sustentável.*
>
> *A mudança climática e o aquecimento global já estão provocando problemas variados...*
>
> *...*
>
> *Como um câncer, o aquecimento global e o desaparecimento das espécies vivas (...) avançam, sem que as autoridades mundiais encontrem um denominador comum capaz de, pelo menos, estancar o processo de corrosão ambiental.*
>
> *O livro de Terence é um grito de alerta e de esperança, ao analisar (...) a realidade (...) à luz dos mecanismos legais, de sugestões estimuladoras no mercado globalizado, realçando a participação das empresas na recuperação do meio ambiente.*
>
> *...*

E a partir dessa análise chega ao cerne de seu estudo, que é a responsabilidade social das empresas em face do meio ambiente. Sem desconhecer a concepção da empresa moderna numa sociedade de risco, estuda e sugere soluções para a formatação de empresas sustentáveis num mundo novo".

Síntese perfeita, que me dispensa de tentar fazê-la de novo – como se fosse possível reinventar a roda. Então, dispensado dessa tarefa impossível, posso me fixar aqui num depoimento humano, como sei que Terence quer e deseja para o novo lançamento de um estudo já consagrado.

Vale a pena falar um pouco sobre Terence, oriundo do Rio Grande do Sul, com uma passagem por Maceió, a quem eu, vindo do outro Rio Grande, o do Norte, conheci pouco antes de ser Desembargador no Tribunal Regional Federal da 5ª Região, em Recife, como seu Professor no já referido Doutorado, que ele fez na Universidade Federal de Pernambuco.

Ali me ganhou logo que nos conhecemos – numa das aulas em que, como ainda faço, me perdia divagando sobre temas aleatórios: a matéria era Processo Civil mas eu estava completamente fora do assunto, tratando de música erudita –, porque gostava de Dvořák (e ele ainda sabia pronunciar, com j e tudo!).

Mais à frente, ao chegar no TRF5, reencontrei aquele jovem brincalhão, mas culto, e que se destacava pela grande competência, com o qual, muito cedo, fui fazendo uma amizade que o tempo e a distância nunca foram capazes de corroer – como só acontece com as verdadeiras.

Vi a seguir Terence ser aceito como *Senior Fellow* em Harvard e tive a sorte de, numa viagem de turismo a Boston, ser guiado por ele pelo *campus* da universidade mais famosa dos Estados Unidos. Fez ainda um LL.M. pela Fordham University de Nova Iorque, e mergulhou na advocacia.

Deixamos ambos o Capibaribe e o Beberibe, mas nem eu voltei para o Potengi nem ele para o Guaíba (na verdade, antes estava às margens do Pratagi). Eu os troquei pelo Paranoá. Ele, primeiro pelo Tietê; depois pelo Camarajipe. Mas essa história de cidades e rios não cabe aqui, vale só como um toque ecológico, que o leitor depois vai completar no Google. Mas eu nunca deixei de ter notícias dele,

[XX]

seja pelo WhatsApp, através do qual nunca deixamos de manter contato, seja pelas notícias do lançamento de seus livros, seja por encontros fortuitos ou nem tanto em eventos jurídicos e sociais.

Ultimamente, estivemos juntos em Salvador, que também é minha terra. Fazia anos que não nos víamos, e foi como se tivesse sido ontem. O apreço não tem preço. Nem relógio, muito menos calendário.

Mas, com o passar dos anos, Terence foi se tornando um ambientalista de destaque. É professor de Direito Ambiental; ampliou sua experiência internacional ao trabalhar – agora é mais chique, entre o East e o Hudson – como advogado visitante nos escritórios Dewey & LeBoeuf LLP e Pillsbury Winthrop Shaw Pittman LLP. Hoje mantém seu próprio escritório, leciona em diversos cursos de pós-graduação e integra diversas associações jurídicas de estudos tributários, empresariais e, óbvio, de meio ambiente.

Escreveu, além do presente, muitos livros desde o pioneiro **Perfil Jurídico Ambiental**, passando por **Legislação Ambiental Comentada, Manual de Direito Ambiental, Licenciamento Ambiental, Infrações Ambientais, Direito Ambiental Brasileiro,** *Compliance* **no Direito Ambiental, Temas de Direito Ambiental Econômico, Incentivos Fiscais no Direito Ambiental, Questões Comentadas de Direito Ambiental, Fundamentos de Direito Ambiental** – praticamente todos publicados por importantes editoras jurídicas nacionais – até **Infraestrutura em Mercados Emergentes: Teoria e Prática**, que veio a lume na Alemanha. São trabalhos sólidos, reconhecidos e de grande valor. Além deles, dezenas de artigos e capítulos em coletâneas e revistas especializadas, todos a marcar o lugar de seu signatário no Direito Brasileiro da Sustentabilidade.

Mas quem conhecer isso tudo e não conhecer a pessoa espetacular que é Terence Dorneles Trennepohl não conhece ainda nada. Ele é, inegavelmente – e isso no Direito Ambiental tem bem mais valor que em outros contextos –, fera.

Já me parece estar ouvindo o Desembargador Paulo Roberto de Oliveira Lima, de quem ele era assessor lá no TRF, dizendo: *o cabra é danado, arranjou até um prefácio com Marcelo, que elogia todo mundo!...* (Não é bem assim, eu elogio o que vale a pena).

Mas prefácio é para isso mesmo, e este aqui é muito, muito, muito merecido.

Brasília, março de 2025.

Marcelo Navarro Ribeiro Dantas
Doutor e Mestre em Direito
Ministro do Superior Tribunal de Justiça
Professor da Universidade de Brasília e da Universidade Nove de Julho

PREFÁCIO À 1ª EDIÇÃO

O livro de Terence Dorneles Trennepohl é uma obra bem elaborada para que se compreenda a crise ambiental, assim como os mecanismos possíveis, principalmente de ordem legal, para combater a gradativa degradação do meio ambiente nesta e nas próximas gerações.

É uma tese de doutoramento que foi aprovada com nota máxima. Nem por isso trata-se de um livro meramente acadêmico. É para ser lido por tantos quantos se interessem pelo principal desafio que o mundo enfrentará no século XXI, ou seja, como tornar o nosso planeta sustentável.

A mudança climática e o aquecimento global já estão provocando problemas variados na agricultura, na saúde e no comportamento das pessoas e sociedades, a ponto de atingir definitivamente a própria qualidade de vida da espécie humana e, o que é mais grave, projetar profundas transformações nas próximas gerações.

Como um câncer, o aquecimento global e o desaparecimento das espécies vivas devido à colocação de quatro sistemas em xeque – redução da renovação de peixes e flora marítima, erosão terrestre e desflorestamento, perda da qualidade do ar e aumento da camada de ozônio – avançam, sem que as autoridades mundiais encontrem um denominador comum capaz de, pelo menos, estancar o processo de corrosão ambiental.

O livro de Terence é um grito de alerta e de esperança, ao analisar, sem receios e rodeios, a realidade como ela se apresenta, mas à luz dos mecanismos legais, de sugestões estimuladoras no mercado globalizado, realçando a participação das empresas na recuperação do meio ambiente.

[XXIII]

Após situar-se no contexto histórico da globalização, a partir da sociedade industrial internacionalizada, que provocou a conformação de um complexo de regras transnacionais para a economia mundial, com o desenvolvimento econômico da sociedade moderna balizada, apenas em parte, pela proteção ambiental, adentra a estudar a regulação econômica no mercado internacional e no meio ambiente, a partir das crises cíclicas do Estado neoliberal – mais do que das crises permanentes dos Estados socialistas – e a forma de enfrentar os riscos de expansão da globalização ambiental.

E a partir dessa análise chega ao cerne de seu estudo, que é a da responsabilidade social das empresas em face do meio ambiente.

Sem desconhecer a concepção da empresa moderna numa sociedade de risco, estuda e sugere soluções para a formatação de empresas sustentáveis num mundo novo.

Conclui que a matéria expõe a necessidade de uma intervenção do Estado, com instrumentos regulatórios, que, sem inibir a atração de investimentos empresariais, enquadre-os na imprescindibilidade de preservar o planeta, único mundo de que dispomos, enquanto a saga das Jornada nas Estrelas não se torna realidade.

Por essa razão, afirma, de forma gráfica: "não cabe indagar se a responsabilidade social da empresa é um meio de atingir objetivos comerciais, mas sim, esperar-se que ela efetivamente traga resultados para a coletividade".

O livro é muito bom e espero que tenha carreira editorial de sucesso.

São Paulo, junho de 2009.

Ives Gandra da Silva Martins

NOTA À 3ª EDIÇÃO

"A ciência jurídica, sem o diálogo em outros saberes – sobretudo, não exclusivamente – o saber filosófico, a investigação extraordinária do extraordinário (Heidegger) se esteriliza em monótono repisar de fórmulas e formas: um caminho direto para a anestesia, senão o embrutecimento, da sensibilidade e da emoção, sem as quais não é possível construir nenhuma ciência."

José Souto Maior Borges, **Ciência feliz: sobre o mundo jurídico e outros mundos.**

Este livro trata de sustentabilidade. Fala de empresas, de Direito Ambiental, de crises, de mudanças, mas, acima de tudo, fala de pessoas.

Nestes quase 40 anos da Constituição Federal de 1988, tentei atualizá-lo com novos conceitos, estudos, contribuições, ideias, doutrina, políticas públicas, de forma crítica e interdisciplinar, sempre destacando a preocupação com a efetividade dos instrumentos ambientais. Indiscutivelmente, mais do que em outros ramos da ciência jurídica – como disseram Pontes de Miranda e Souto Maior Borges, já citados –, o Direito Ambiental só se justifica se estiver em compasso com a realidade, com outras ciências, estudos, dados e informações, já que o seu objetivo é defender o meio ambiente e a qualidade de vida da coletividade.

Diga-se de passagem, neste início de século XXI, século cujas alterações são velozes, com novos temas, novas perguntas, velhas respostas, quem se lança a estudar uma ciência precisa estar muito bem alinhado com a voracidade de informações dos dias atuais.

Vivemos, a um só tempo, a bonança da cultura que chegou até nós, em descompasso com a desinformação e uma "satelização da inteligência", que faz ideias, atos e movimentos gravitarem em torno de algo, alguém ou alguma coisa sem consequência ou responsabilidade. Vivemos um espetacular momento de descobrimentos, saltos científicos, avanços medicinais, aporte e implemento de ideários Iluministas, racionais, lógicos ao mesmo tempo em que as notícias nos chegam sem nenhum esforço, travestidas de "cultura" sedimentada.

Ser advogado ambiental em um mundo permeado de inseguranças jurídicas e desmandos institucionais é uma tarefa árdua, cuja responsabilidade tende a se agigantar.

A sustentabilidade hoje, exigida de cidadãos e de governos, de empresas e órgãos públicos, permite sermos advogados de um cliente comum: o meio ambiente. Um meio ambiente equilibrado e sustentável para as presentes e futuras gerações.

Herdamos um planeta com garantias conquistadas com muita luta, objeto das revoluções de recentes séculos passados, sendo a proteção do meio ambiente uma tendência natural de um período que começou com várias ameaças.

Dispomos de alguns modos viáveis de prevenir os danos e temos os meios para aprender mais. Problemas são solucionáveis. Isso não significa que se resolverão por si mesmos, mas significa que podemos resolvê-los se sustentarmos as forças benéficas da modernidade que nos permitiram resolver problemas até agora, entre elas a prosperidade social, mercados regulados com sabedoria, governança internacional e investimentos em ciência e tecnologia.

Falar de sustentabilidade ambiental nestes tempos de enormes problemas ambientais, desmedidas queimadas, irreversíveis processos de desertificação, aumento dos níveis de poluição, comprovadas mudanças climáticas e, *last but not least*, termos enfrentado uma das maiores pandemias que assolaram a humanidade é algo que precisa estar na ordem do dia.

O Estado de direito se consolidou e, modernamente – sendo a Constituição o ápice jurídico do processo civilizatório –, abrange as conquistas incorporadas ao patrimônio da humanidade, avançando na direção de valores e bens jurídicos desejáveis. O Estado voltou a ser protagonista e, desde a prestação das funções mínimas ou, em um segundo momento, na promoção de direitos sociais, vem ganhando espaço no sentido de concentrar um significativo poder regulatório, mesmo que distante de uma intervenção mais direta.

Nesse sentido, a função primeira do Direito Ambiental é estabelecer métodos, critérios, proibições e permissões, definindo o que pode e o que não pode ser explorado ou apropriado economicamente dos recursos naturais. Sua finalidade precípua é de um verdadeiro regulador da atividade econômica.

Ousamos dizer que a *"sociedade de risco"* está sendo rapidamente substituída pela *"sociedade da precaução"*, pois a cada dia temos mais nítida a percepção do risco, mesmo sem conhecer os resultados das atividades econômicas.

Hoje, antes de qualquer empreendimento, seja ele industrial, agrícola, de exploração de energia, de infraestrutura, devemos nos perguntar se há mesmo necessidade de assumirmos riscos, quais são eles e o que representa desconsiderá-los. Diante de nós estão as auditorias ambientais, as *due diligences*, as boas práticas de gestão e os planejamentos estratégicos. Em resumo, estamos diante de conceitos reais de sustentabilidade cada vez mais necessários.

A natureza, enfim, deixou de ser um bem livre e passou a ser discutida na economia, coletivamente. Analisamos não somente as externalidades ambientais, mas também monetizamos os custos ou benefícios ambientais associados aos processos econômicos.

Portanto, antever os danos, preveni-los, minimizá-los ou, mesmo, evitá-los por completo é uma das funções mais nobres que o Direito Ambiental pode exercer, evitando falhas, mitigando-as, sempre de acordo com a legislação ambiental.

Usar normas, processos e práticas na prevenção, em vez de encarar as situações posteriores à ocorrência de um dano, quando se pode apenas reparar, recuperar, compensar ou indenizar, deixou de ser uma recomendação para tornar-se uma exigência.

E essas exigências não existem espontaneamente. São criadas por regras jurídicas que lhes estruturam e permitem funcionar. Definem o que deve ou não deve ser feito.

Quando falamos em garantias e em segurança jurídica, precisamos fazer alusão ao sistema constitucional e aos valores veiculados por princípios, direitos e liberdades fundamentais, no sentido de consolidar os preceitos conquistados.

Vivemos uma era de "superprincípios". Isso não se discute.

Precisamos de segurança para proteger o sistema de liberdades que conquistamos. Precisamos de mais certeza para orientar empreendedores bem-intencionados. Precisamos de rigidez legal para praticar a economia de mercado. Precisamos de estabilidade jurídica para realizar o Direito.

Mas, sobretudo, precisamos de um meio ambiente ecologicamente equilibrado.

Para atingir esse fim, quanto mais previsibilidade, prevenção, certeza, transparência e racionalidade estiverem presentes nas atividades econômicas, mais ganharemos na nossa missão de entregar aos nossos filhos e netos um mundo melhor.

Refleti muito e tentei, com esta nova edição, trazer à tona novas cores a um assunto amplamente necessário e cada vez mais presente.

Espero que estes pensamentos sejam aptos a levar adiante a discussão sobre equilíbrio e sustentabilidade, em um mundo tão carente de atitudes ambientais.

Se isso não acontecer, será muito fácil saber o que o futuro nos reserva.

"Se é possível conhecer o futuro, por que deveríamos caminhar as cegas no presente?"[1]

Boa leitura.

São Paulo, março de 2025.

Terence Trennepohl

---

1 MINOIS, Georges. **História do futuro**. São Paulo: Editora Unesp, 2015, p. VII.

NOTA À 2ª EDIÇÃO

Pontes de Miranda escreveu, em 1951, estas palavras – no prefácio à segunda edição de seu belíssimo *História e prática do habeas-corpus*, escrito 35 anos depois da primeira edição: *"Quando, aos vinte e três anos de idade, escrevi este livro, já correspondia ele à formação liberal e democrática que recebi. Hoje, vejo-o de longe, com a excepcional acolhida que teve, reimpresso, durante 1916 e 1917, até que se gastaram os tipos. Livro de mocidade. Vejo-o, hoje, como réstia de luz que me acompanhou. Não lhe tirei um trecho. Fique ele tal qual saiu; apenas, aqui e ali, modernizado. Passados trinta e cinco anos, as convicções do autor não mudaram. O Brasil, quando tentou mudar, errou"*.[1] As palavras sedutoras e fortes de Pontes exibem a antevisão singular que o distinguiu. Um pouco depois ele argumenta que livro de doutrina, que vence, é livro que perde a originalidade, para se fazer fato de vida.

Há, talvez, certo paralelismo histórico que me autoriza a dizer que este livro que tenho a honra de apresentar em segunda edição guarda alguma similitude com as geniais intuições de Pontes. O livro de Trennepohl está, certamente, mais atualizado, mais consistente, com dimensões de análise mais amplas. Mas creio não me equivocar ao dizer que o livro, essencialmente, é o mesmo da primeira edição. O Brasil, porém, nesses anos, alterou-se, tem se alterado de modo significativo. Não é exagero, aliás, dizer que a única permanência, atualmente, é a mudança. Mudam os contextos sociais, mudam os paradigmas normativos globais, mudam as especificidades regulatórias dessa ou daquela comunidade. Há,

---

1 PONTES DE MIRANDA, Francisco Cavalcanti. **História e prática do habeas-corpus**. 2. ed. Rio de Janeiro: José Konfino, 1955, p. 7.

porém, se assim posso dizer, uma atualização não propriamente do livro em relação ao mundo, mas do mundo em relação ao livro, o que não deixa de ser belo e curioso.

Nosso tempo pede reflexões contextualizadas que forneçam modelos de compreensão para os dias, ágeis e instáveis, que estamos vivendo. Diante, portanto, de problemas inéditos e de novos desafios que o século XXI nos apresenta, talvez a melhor postura seja adotar aquele senso – escrevia Pontes de Miranda – para que o jurista não se apegue, demasiado, às convicções que tem, nem se deixe levar facilmente pela sedução do novo.

O professor Goffredo Telles Júnior dizia que a desordem é a ordem que não conhecemos. Talvez não conheçamos a ordem que emerge nessa multiplicidade confusa de sinais, talvez haja algo, por trás de tudo isso, um fio unificador, que explique a profusão de sentidos dispersos. A grande tarefa que se põe ao jurista do século XXI é buscar um sentido unificante para as transformações havidas. Não apenas fotografar a realidade, mas buscar, em certa medida, compreendê-la, até porque a história depende do nosso olhar, a história não é neutra, a história é, em certo sentido, uma reinvenção do passado sob os olhos do presente.

O direito ambiental dialoga com novas bases éticas, que se põem mais fortes neste século XXI. Conforme escrevemos em outra oportunidade, um direito biodifuso não aceita as velhas fórmulas individualistas e patrimonializantes.[2] Passamos, em poucas décadas, de um agressivo desprezo ao meio ambiente para uma merecida e necessária reverência normativa, como direito fundamental de estatura constitucional. Trata-se de direito fundamental que retrata novos e relevantes tempos na multimilenar relação entre a humanidade e a natureza. Tivemos, na matéria, curiosa evolução conceitual: de *res nullius* para *res communis* omnium. Temos, portanto, no meio ambiente, um bem difuso, um macrobem. Nesse contexto, o autenticamente novo pede novos

---

2 FARIAS, Cristiano Chaves; BRAGA NETTO, Felipe Peixoto; ROSEN-VALD, Nelson. **Novo tratado de responsabilidade civil**. 2. ed. São Paulo: Saraiva, 2016, p. 1280.

modelos de pensamento. A noção de solidariedade ganha notável força, inclusive trazendo ao debate o legítimo interesse das futuras gerações a receber idênticas oportunidades de acesso aos bens ambientais. O direito fundamental ganha, nesse sentido, uma dimensão intergeracional.

Se o tema, atualmente, ganhou destaque, poucas são as análises como a que este livro traz. Trata-se de olhar singular, já que aborda a questão sob a ótica das empresas. O diálogo, hoje, entre as empresas, sobretudo transnacionais, e o meio ambiente não é algo opcional e secundário, mas obrigatório e fundamental. Uma empresa que não tenha um olhar cuidadoso e planejado à luz dos princípios da prevenção e da precaução certamente será uma empresa ultrapassada, ou no mínimo menos relevante, ao olhar da sociedade do século XXI.

Agradeço ao amigo Trennepohl a oportunidade de participar, de certo modo, desta obra, uma obra que dialoga com a complexidade dos nossos dias.

Belo Horizonte, inverno de 2016.

Felipe Peixoto Braga Netto

NOTA À 1ª EDIÇÃO

Procurou-se investigar nesta obra as diversas formas de proteção ao meio ambiente que poderiam ter o auxílio das empresas, mormente quando conjugadas às práticas de preservação reveladas pelos princípios do direito ambiental e aplicadas recentemente por grandes corporações.

A proposta compreende um estudo novo, centrado na reflexão sobre programas e projetos ambientais, concomitante à moderna função social das empresas, e na análise das formas de interação desses dois campos de estudo, com vistas a perseguir os objetivos de preservação, tão marcadamente presentes no cenário global, bem como expressamente previstos na Constituição Federal de 1988.

O problema geral é procurar saber se o mercado pode seguir seu regime liberal, desprovido de uma forte regulação, ou, ao menos, mais livre de barreiras jurídicas. Procurou-se saber se há dificuldades na regulação do comércio internacional, em face da globalização e das diversas fontes de legislação, no que tange à perspectiva de proteção ambiental.

Foi importante estudar e trabalhar com esse tema porque a economia mundial tornou-se extremamente planificada, surgindo, assim, a necessidade de um estudo sobre a regulação desse novo mercado e suas implicações no aspecto interno dos Estados.

Demais disso, há pouquíssima matéria jurídica escrita sobre o tema, muito encontrado em textos de economia e administração, mas alheio ao jurista. E a maioria desses textos é escrita em língua estrangeira.

Busca-se dizer o que ainda não foi dito, emprestando utilidade à obra, verificando a evolução dos conceitos jurídicos e sociais no mundo moderno.

O tema desenvolvido versou sobre a regulação estatal nas ações empresariais e as movimentações comerciais que se intensificaram neste período recente de soberbo progresso científico, tecnológico e econômico.

A teoria de base de toda a obra é a sociedade de risco, longamente debatida e analisada sob diversos prismas, do público ao privado, do individual ao coletivo, do nacional ao transnacional.

O meio ambiente recebe um tratamento especial neste início de século em virtude das revelações de degradação feitas pelo homem e ante a possibilidade de um colapso ambiental em um futuro não muito distante.

Seguindo-se às considerações sobre o meio ambiente e seu atual estágio de degradação, bem como a exposição dos fundamentos que justificam a criação de meios de precaução, porquanto prévios, preventivos às atividades que geram alterações significativas e impactantes ao ecossistema, nossa proposta foi tentar demonstrar as soluções encontradas pelo mercado globalizado.

Isso se deu, principalmente, com a produção e comercialização de produtos sujeitos a um controle regulatório e aos processos de gestão ambiental realizados pelas empresas, através de novos conceitos, senão definitivos, ao menos paliativos, no conjunto de medidas de proteção ao meio ambiente.

Assim, a necessidade de implantação (ou incremento) de algumas práticas preventivas (como a regulação estatal, a certificação de produtos e serviços, a participação da sociedade civil organizada, a criação de índices econômicos de valorização empresarial e a adoção de outras inúmeras técnicas) poderá constituir auxílio à proteção ambiental, no alvorecer de um novo século, em que a temática está sendo intensamente debatida.

A problematização que exsurge da presente obra recai sobre a maneira como as empresas, mormente as transnacionais, devem interagir com o meio ambiente, no contexto do irreversível mercado global, tomando como base as normas de direito ambiental, no intuito de preservação e conservação da natureza.

A problemática se escorou na busca por regras estatais e procedimentos gerenciais ambientalmente recomendáveis para pessoas jurídicas, bem como para produtos fabricados e serviços prestados em atenção às normas de proteção ao meio ambiente.

Isso se deveu às enormes dimensões estruturais e econômicas que essas empresas globais atingiram, muitas vezes extrapolando o espaço territorial de sua criação e alcançando um mercado global, sem horizontes espaciais.

Contextualizar a precaução ambiental nessa gestão empresarial implicou, de imediato, resultados alvissareiros ao meio ambiente e à sociedade que dele usufrui e procura extrair os recursos naturais necessários a sua existência.

Portanto, esta obra tem como base a participação moderna das empresas na exploração de recursos naturais, na comercialização de produtos e na prestação de serviços atentos aos ditames estatais de respeito ao meio ambiente, e da observância ao direito ambiental, nacional e supranacional.

Boa Viagem, Recife/PE, verão de 2008.

PARTE I

Contexto histórico da globalização

CAPÍTULO 1
A globalização econômica na sociedade industrial

1.1 A evolução da sociedade industrial

A globalização é uma realidade irreversível, e isso não mais se discute.[1]

O que importa para os países integrantes dessa realidade e para os mercados emergentes é atentar para a forma socialmente responsável de participar desse processo, interagindo da melhor maneira e, se possível, servindo como exemplo no contexto econômico.[2]

No entanto, a globalização não foi um processo simples e que ocorreu somente no breve século XX.[3]

Ao contrário. Suas raízes são muito mais profundas e distantes.[4]

O século XX de breve não teve nada. Foi pautado em ideias e conceitos que remontam às antigas cidades-estados italianas, a exemplo da Veneza do século XVII.

O comércio internacional já fincava suas raízes numa época em que sequer se ousava sonhar com suas dimensões atuais.

---

1 BORGES, José Souto Maior. **Curso de direito comunitário**. São Paulo: Saraiva, 2005, p. 66. Nessa obra, o autor afirma que a globalização não é em si mesma um bem ou um mal, ela simplesmente é irreversível.

2 GRAEBER, David; WENGROW, David. **O despertar de tudo: uma nova história da humanidade**. São Paulo: Companhia das Letras, 2022, p. 275.

3 FRIEDMAN, Thomas. **O mundo é plano. Uma breve história do século XXI**. Rio de Janeiro: Objetiva, 2005, p. 61.

4 COULANGES, Fustel de. **A cidade antiga**. São Paulo: Martin Claret, 2020, p. 432.

Podemos ir mais longe e perscrutar o que se fazia há mais de vinte séculos, durante a própria ascensão e o domínio de Roma.[5]

A aproximação dos mercados e o consumo como fim da produção já percorriam demoradamente a obra de Adam Smith, ainda em fins do século XVIII.[6]

De fato, pode-se considerar que esse processo de integração, dos mercados e das nações, teve seu nascedouro no que se convencionou chamar de Baixa Idade Média, quando os Estados fortaleceram seu comércio e sua expansão econômica, dando, inclusive, um forte impulso no fazimento de leis e medidas tendentes a regular essa expansão.[7]

No cenário internacional, onde os países de primeiro mundo supostamente ditam as regras comerciais, não há como fugir do enredo estabelecido pelas empresas e conglomerados multinacionais e manter os limitados parâmetros locais, sob pena de perder, cada vez mais, espaço para os mais rápidos e competitivos.

Nos primeiros momentos da globalização participaram principalmente americanos e europeus; agora, figuram chineses, indianos, árabes, coreanos, sul-africanos, mexicanos, brasileiros, enfim, todos com parcelas significativas de mercado. Essa tendência moderna de competição pressupõe vários figurantes.[8]

Nesse contexto, os países que se adaptarem terão maior competitividade. E isso, sem exceções, serve para as empresas de abrangência e extensão global, que são as grandes corporações.[9]

---

5 BEARD, Mary. **SPQR: uma história da Roma Antiga**. São Paulo: Planeta, 2023, p. 161.

6 FERNANDES, Edison Carlos. **Paz tributária entre as nações. Teoria da aproximação tributária na formação dos blocos econômicos**. São Paulo: MP Editora, 2006, p. 26.

7 FERNANDES, Edison Carlos. **Paz tributária entre as nações. Teoria da aproximação tributária na formação dos blocos econômicos**. São Paulo: MP Editora, 2006, p. 25.

8 FRIEDMAN, Thomas. **O mundo é plano. Uma breve história do século XXI**. Rio de Janeiro: Objetiva, 2005, p. 125.

9 BAKAN, Joel. **A corporação. A busca patológica por lucro e poder**. São Paulo: Novo Conceito Editora, 2008, p. 2.

Portanto, para o ingresso no mercado internacional, os países devem concentrar seus esforços na produção daquilo que fazem melhor que os outros. Esse é o livre comércio.[10]

Assim, se temos países com forte representatividade na exportação de matérias-primas, esse será o caminho para fazer parte do cenário global; se, de outra banda, países se destacam pela exportação de tecnologias de ponta e produtos já finalizados, assim o farão para integrar esse processo.[11]

Dessa forma, optando por matérias-primas, por exemplo, o Brasil apresenta bastante visibilidade na agricultura e na exportação de recursos minerais, sendo o país uma referência internacional, com enorme crescimento nos últimos anos,[12] principalmente em razão de empresas multinacionais nas áreas de *commodities*, alimentos, minérios, petróleo e gás, tecnologia etc.[13]

A globalização e a "institucionalização" das relações internacionais promoveram uma integração sem precedentes ao longo do século XX, sob os auspícios de um conjunto de normas de regulação, de cunho liberal, fiscalizados por órgãos internacionais, a exemplo da Organização Mundial do Comércio – OMC.

---

10 STIGLITZ, Joseph E. **Globalização. Como dar certo**. São Paulo: Companhia das Letras, 2007, p. 144.

11 FERNANDES, Edison Carlos. **Paz tributária entre as nações. Teoria da aproximação tributária na formação dos blocos econômicos**. São Paulo: MP Editora, 2006, p. 29.

12 É de se lembrar que a industrialização do Brasil foi bastante tardia, pois até a década de 1930 o país era essencialmente agrícola. Foi a quebra da Bolsa de Nova York que fez com que o país percebesse que não poderia depender somente de suas exportações de produtos agrícolas. In: REGIS, André. **O novo federalismo brasileiro**. Rio de Janeiro: Forense, 2009, p. 11.

13 DAHLMAN, Carl. Technology, globalization, and international competitiveness: Challenges for developing countries. In: **Industrial Development for the 21st Century**. Edited by David O'Connor and Mónica Kjöllerström. London: Zed Books, 2008, p. 41.

[5]

O próprio Estado Moderno e sua estrutura federativa interna sofreram modificações em face da dinâmica social e econômica da sociedade, mormente no que diz respeito à flexibilização de suas regras e instituições.[14]

Assim, no âmbito internacional, em razão da crescente aproximação dos mercados, os benefícios advindos da liberdade de comércio também exigiram uma regulação global, por meio de marcos jurídicos institucionais, acordos e negociações multilaterais, a fim de permitir a expectativa dos agentes econômicos envolvidos, bem como a solução de conflitos deles decorrentes.[15]

Para ingressar no mercado e no cenário econômico internacional, as empresas devem levar em conta algumas barreiras não tarifárias que cercam determinados produtos e segui-las, sob pena até mesmo de fracasso comercial.

Mas não há mais dúvida de que a *performance* ambiental e algumas iniciativas específicas darão, num futuro não muito distante, enorme vantagem competitiva.[16]

1.2 A eliminação das fronteiras geográficas

A sociedade industrial moderna atingiu patamares de progresso jamais vistos. Isso se deu, principalmente, depois da passagem do cenário artesanal para o industrial dos séculos XVIII e XIX.[17]

---

14 KRELL, Andreas Joachim. **Leis de normas gerais, regulamentação do Poder Executivo e cooperação intergovernamental em tempos de reforma federativa**. Belo Horizonte: Fórum, 2008, p. 40.

15 AMARAL JUNIOR, Alberto do. **A solução de controvérsias na OMC**. São Paulo: Atlas, 2008, p. 13.

16 ESTY, Daniel C.; WINSTON, Andrew S. **Green to Gold. How Smart Companies Use Environmental Strategy to Innovate, Create Value, and Build Competitive Advantage**. Revised and updated Edition by John Wiley & Sons, Inc. Hoboken, New Jersey, 2009, p. 281.

17 AMARAL, Antônio Carlos Rodrigues do (Coord.). **Direito do comércio exterior**. São Paulo: Aduaneiras, 2004, p. 59. A lex mercatoria foi desenvolvida com o crescimento do comércio na Europa, como se disse, iniciado em Veneza e se espraiando para França, Espanha e o restante da Europa, inclusive Inglaterra.

Nesse contexto, o meio ambiente aparece intrinsecamente ligado a essas mudanças, em razão dos recursos naturais e de sua enorme variedade de fontes. Daí a necessária imbricação do meio ambiente e das formas de interação com as modificações do cenário global.

Jared Diamond enumera vários casos em que o desequilíbrio ambiental gerou guerras por áreas mais prósperas, modificou o cenário histórico, com a aniquilação de culturas, povos e raças. Nesses casos, a imposição de regras, com a extinção de espécies e o massacre de populações, comprovadamente decorreu da falta de um planejamento ambiental adequado.[18]

O autor sustenta o vínculo dos fracassos e falências de sociedades e culturas, com a forma equivocada de interação e exploração dos recursos naturais.[19]

Também não restam dúvidas de que a globalização trouxe enormes avanços em diversas áreas para os países desenvolvidos e aqueles em desenvolvimento.[20]

No entanto, há inúmeras provas de que o problema da poluição e da degradação ambiental somente chegou aos patamares atuais não em razão da globalização, mas sim pelo modo como ela foi conduzida. O modelo global obedeceu à dicção dos países desenvolvidos e os interesses predominantes nesses países.[21]

Hoje, os efeitos de qualquer impacto ambiental transcendem as linhas geográficas imaginárias dos Estados.[22]

---

18 DIAMOND, Jared. **Colapso – Como as sociedades escolhem o fracasso ou o sucesso.** São Paulo: Record, 2005, p. 24.

19 DIAMOND, Jared. **Colapso – Como as sociedades escolhem o fracasso ou o sucesso.** São Paulo: Record, 2005, p. 25.

20 PINKER, Stephen. **O novo Iluminismo: em defesa da razão, da ciência e do humanismo.** São Paulo: Companhia das Letras, 2018, p. 83.

21 STIGLITZ, Joseph E. **Globalização. Como dar certo.** São Paulo: Companhia das Letras, 2007, p. 63.

22 ESTY, Daniel C.; WINSTON, Andrew S. **Green to Gold. How Smart Companies Use Environmental Strategy to Innovate, Create Value, and Build Competitive Advantage.** Revised and updated Edition by John Wiley & Sons, Inc. Hoboken, New Jersey, 2009, p. 10.

Principalmente os problemas relacionados à poluição atmosférica, que ganharam contornos mais acentuados após a Segunda Grande Guerra, a exemplo da chuva ácida e dos *fogs* e *smogs*, acentuadamente na Inglaterra e na Alemanha, e do efeito estufa (*greenhouse effect*), de proporções globais.[23]

Uma alteração na produção de soja de países em desenvolvimento importa aumento de preços no primeiro mundo; um desastre natural na Ásia ou na América do Norte implica falta de fornecimento de produtos de primeira necessidade na Europa; a queda da bolsa de valores no Japão traz reflexos imediatos aos Estados Unidos e às bolsas de países que veem a movimentação do mercado fazer com que haja imediata fuga de capital de seus territórios.[24]

Essa é a tônica mundial da globalização, e o meio ambiente está atrelado a ela, em razão das dimensões econômicas que a comercialização de produtos e a prestação de serviços lhe tangenciam a órbita. Bem assim o homem, que desde o nascimento até a morte está sujeito à exposição de produtos químicos de toda ordem.[25]

Em face da eliminação das fronteiras físicas que contornavam o comércio até a era moderna, o papel dos Estados e das empresas na manutenção e no equilíbrio ambiental apresenta matizes cada vez mais importantes.

A despeito da função estatal de prestador de serviço público, ligado ao interesse da coletividade, ter vigorado por décadas, quiçá séculos, o horizonte descortina uma nova fase, onde a

---

23 NASCIMENTO E SILVA, Geraldo Eulálio do. **Direito ambiental internacional**. 2. ed. Rio de Janeiro: Thex Ed., 2002, p. 58.

24 FRIEDMAN, Thomas. **O mundo é plano. Uma breve história do século XXI**. Rio de Janeiro: Objetiva, 2005, p. 64. O autor traça um panorama econômico sobre o desenvolvimento industrial, o progresso e a velocidade das informações, principalmente levando em conta as alterações globais depois da queda do Muro de Berlim.

25 CARSON, Rachel. **Silent Spring**. New York: Houghton Mifflin Company, 1994, p. 15.

participação de todos é imperiosa, sob pena de arrefecer a própria ordem comercial.[26]

A cooperação das instituições, e não somente do Estado, tornou-se necessária, inclusive sob pena de configurar uma *"unilateral estatização do ambiente"*.

Diferentemente do entendimento muitas vezes recorrente, o meio ambiente não é bem público, mas, sim, de interesse público, cumprindo a todos participar do uso e da gestão de seus recursos.[27]

Não cabe mais somente ao Estado a função de regular a atuação das atividades econômicas. Os próprios interessados no mercado, principalmente aqueles cujos tentáculos se espraiam para além das linhas transfronteiriças, precisam observar os anseios da coletividade, leia-se, dos consumidores, para que integrem essa nova ordem mundial.

Os deslizes cometidos na China, p. ex., ao ensejo do fabrico de produtos em desapego às normas ambientais, ao conteúdo mínimo da dignidade da pessoa humana e de alguns outros preceitos insculpidos após a Declaração de Direitos do Homem, de 1948, apresenta reflexos imediatos e de difícil reparação.[28]

---

26 LEITE, José Rubens Morato; AYALA, Patryck de Araújo. Novas Tendências e Possibilidades do Direito Ambiental do Brasil. In: WOLKMER, Antônio Carlos; LEITE, José Rubens Morato (Orgs.). **Os "novos" direitos no Brasil. Natureza e perspectivas**. São Paulo: Saraiva, 2003, p. 197.

27 LEITE, José Rubens Morato; AYALA, Patryck de Araújo. Novas Tendências e Possibilidades do Direito Ambiental do Brasil. In: WOLKMER, Antônio Carlos; LEITE, José Rubens Morato (Orgs.). **Os "novos" direitos no Brasil. Natureza e perspectivas**. São Paulo: Saraiva, 2003, p. 198.

28 SARLET, Ingo Wolfgang. **Dignidade da pessoa humana e direitos fundamentais na Constituição Federal de 1988**. 5. ed. Porto Alegre: Livraria do Advogado, 2007, p. 45.

Certamente as Ilhas Maldivas[29] ou Bangladesh serão fortemente castigados por catástrofes naturais, como a elevação do nível dos oceanos, causados pelo aquecimento global, que tem como significativo e principal contribuinte os Estados Unidos da América.[30]

As informações levadas a cabo por uma rede intercontinental de computadores e a velocidade com que são transmitidas impactam contundentemente naqueles segmentos mais indefesos.[31]

Os conglomerados comerciais, comumente em busca do lucro, sentem-se cada vez mais pressionados pela opinião pública, quando em descompasso com a ordem global de atendimento aos direitos fundamentais mais comezinhos ao homem, principalmente no que diz respeito aos direitos de proteção do meio ambiente.[32]

A competitividade envolvida no mercado implica mudança de comportamento tecnológico contínuo e inovação nas formas de exploração.[33]

---

29 Foi noticiado em diversos jornais que o Presidente das Ilhas Maldivas, Mohamed Nasheed, começou a divulgar sua intenção de adquirir uma nova porção de terra para seu povo, uma vez que muitas ilhas do arquipélago sofrem a ameaça de serem inundadas com o aumento do nível do mar causado pelas mudanças climáticas. Locais no Sri Lanka e Índia estão sendo considerados devido a semelhanças culturais e climáticas. A Austrália também foi mencionada em razão da quantidade de terra sem ocupação. THE GUARDIAN. **Paradise Almost Lost: Maldives Seek to Buy a New Homeland**. Disponível em: http://www.guardian.co.uk/environ ment/2008/nov/10/maldives-climate-change. Acesso em: 12 nov. 2008.

30 STIGLITZ, Joseph E. **Globalização. Como dar certo**. São Paulo: Companhia das Letras, 2007, p. 273.

31 FRIEDMAN, Thomas. **O mundo é plano. Uma breve história do século XXI**. Rio de Janeiro: Objetiva, 2005, p. 80.

32 BAKAN, Joel. **A corporação. A busca patológica por lucro e poder**. São Paulo: Novo Conceito Editora, 2008, p. 49.

33 ESTY, Daniel C.; WINSTON, Andrew S. **Green to Gold. How Smart Companies Use Environmental Strategy to Innovate, Create Value, and Build Competitive Advantage**. Revised and updated Edition by John Wiley & Sons, Inc. Hoboken, New Jersey, 2009, p. 317.

Portanto, é necessário alto nível de especialização, aprendizado, infraestrutura, comunicação, transportes, enfim, toda uma cadeia logística apta a permitir um crescimento nos moldes da economia global.[34]

A preservação da natureza e os impactos econômicos dela advindos seguem essa esteira.

O meio ambiente encontra guarida em diversos textos internacionais e inspira repercussões na órbita de cada nação preocupada com sua imagem e aspecto econômico.

O reflexo financeiro, imediato ou prorrogado, dos impactos ambientais no mundo, hoje encontra campo fértil para se desenvolver e imputar severas sanções a qualquer nação do mundo moderno.[35]

As barreiras comerciais não mais existem como antes, senão aquelas mais robustas. No cenário comercial do século XXI, poucas são as chances de se ter um mercado absolutamente fechado e inóspito aos produtos e serviços dessa ordem global.[36]

As inúmeras tentativas de fechamento do mercado mostraram-se insatisfatórias e ineficazes.

A liberalização do comércio, com a consequente abertura dos mercados, deveria conduzir seus adeptos ao crescimento econômico e sustentável. Porém essa assertiva é, no mínimo, controversa, em face das disparidades criadas pelos acordos internacionais.

Enquanto os países desenvolvidos, do Primeiro Mundo, adotavam políticas de subsídios destinados a ajudar sua já consolidada indústria, os países em desenvolvimento eram obrigados a

---

34 DAHLMAN, Carl. Technology, globalization, and international competitiveness: Challenges for developing countries. In: **Industrial Development for the 21st Century**. Edited by David O'Connor and Mónica Kjöllerström. London: Zed Books, 2008, p. 52.

35 STIGLITZ, Joseph E. **Globalização. Como dar certo**. São Paulo: Companhia das Letras, 2007, p. 80.

36 FRIEDMAN, Thomas. **O Mundo é plano. Uma breve história do século XXI**. Rio de Janeiro: Objetiva, 2005, p. 90.

abandonar os seus incentivos à indústria ainda nascente, de certa forma deles dependentes.[37]

A ordem comercial, seguindo a estrutura e o desenvolvimento do capitalismo moderno, reflete o alcance das instituições de mercado.

Houve, na verdade, agravando a irreversível participação das grandes empresas no mercado, uma falha no desenvolvimento das normas e das instituições com essa sociedade industrializada. Os princípios legais de proteção ambiental, os conceitos de acidentes e técnicas de proteção, os seguros, enfim, a prevenção de uma maneira geral, foram esquecidos ou postergados, tangenciando a moderna sociedade.[38]

O alcance de penetração das instituições comerciais atuais não encontra barreiras aptas ao seu regramento. Os mercados estão abertos e a nova ordem pressupõe cuidados que fogem do alcance estatal. Até mesmo os Estados mais conservadores encontram dificuldades em controlar a ordem capitalista que se faz presente, principalmente após a queda do Muro de Berlim.

O cenário econômico não apresenta horizontes e limites. As fronteiras caíram e a instalação do mercado global parece definitiva.

Nesse contexto, a figura das corporações e grandes conglomerados comerciais saíram de uma relativa obscuridade para se tornar a instituição econômica dominante no mundo.[39]

Com ela, parece difícil o controle dos Estados e das regras particulares de proteção, assim entendido o direito interno de cada país.

Essa exigência de um mercado caracterizado pela ruptura das fronteiras e fortemente marcado pelo (neo)liberalismo econômico é uma manifestação coletiva.

Poucos são aqueles que recusam ou negam essa realidade.

---

37 STIGLITZ, Joseph E. **Globalização. Como dar certo**. São Paulo: Companhia das Letras, 2007, p. 78.

38 BECK, Ulrich. **World Risk Society**. Cambridge: Polity Press, 1999, p. 31.

39 BAKAN, Joel. **A Corporação. A busca patológica por lucro e poder**. São Paulo: Novo Conceito Editora, 2008, p. 5.

O caminho mais razoável de se aceitar essa nova ordem parece aquele de adequar os produtos e serviços aos preceitos globais que dizem respeito ao mercado e a todos os interessados. Seria a hipótese de se exigir padrões que interfiram nas esferas jurídicas da coletividade e impliquem uma postura proativa.

Portanto, nesse contexto, jamais vivenciado pelo mercado, não mais existem barreiras físicas, geográficas.

O modelo escolhido pelos países desenvolvidos gerou impactos que se sobrepõem aos limites territoriais. E esses limites não impediram a proliferação da chuva ácida, da desertificação, os baixos índices pluviométricos, o uso inadequado do solo, o degelo das calotas polares, o efeito estufa, o aquecimento global e agora, mais recentemente, as crises climáticas.[40]

Esse cenário aparentemente caótico das alterações climáticas, da preservação da natureza e da exploração dos recursos naturais não diz mais respeito a cidades ou países; diz respeito ao planeta.

Definitivamente, o mundo ficou plano e as fronteiras mais próximas.

1.3 A sociedade e o tratamento dado ao meio ambiente

A sociedade não se comporta mais de maneira passiva com relação aos produtos e serviços que lhe são oferecidos. A proatividade e a livre-escolha imperam no comércio internacional, ainda que algumas marcas sejam dominantes num monopólio global.

Na história do Direito, e aqui tratando especificamente do Direito Ambiental, diga-se de passagem, bastante recente quando comparado a outros ramos, a regulação jurídica remonta a meados do século passado.

Exemplos são os Tratados em torno desse segmento específico, principalmente os primeiros, datados das décadas de 1960 e 1970, por meio dos quais se buscou amenizar os impactos econômicos dos atentados desmedidos à natureza, cujas implicações

---

40 RIBEIRO, Wagner Costa. **A ordem ambiental internacional**. 2. ed. São Paulo: Contexto, 2005, p. 12.

tardiamente se tentavam remediar. Para tanto, basta mencionar os Tratados que versavam derramamento de óleo por companhias de transporte de carga nos mares da Europa.[41]

A primeira grande conferência sobre meio ambiente foi a de Estocolmo em 1972, e toda a base científica do desenvolvimento sustentável dela se irradiou para documentos internacionais. Nesse encontro, decididamente, começaram as discussões envolvendo riqueza, pobreza, destruição da natureza e apropriação dos recursos naturais.[42]

O conceito de desenvolvimento apresenta diversas matizes.

Trata-se, em resumo, de um processo de interação complexo e contínuo existente entre a sociedade civil e seu meio natural, levando-se em consideração aspectos de dimensão social e ecológica, bem como fatores econômicos, com foco na integridade ambiental.[43]

A exigência da adoção de critérios legais no tratamento do meio ambiente, ainda que sabidamente por motivos econômicos, dado pelos países de primeiro mundo, encontrou ressonância nas legislações daqueles que estavam se desenvolvendo e construindo seus textos legais de direitos.

Os inúmeros tratados sobre a matéria, respaldados na multidisciplinaridade que o meio ambiente encontrou, desde economia, política, comércio, direitos e garantias fundamentais, enfim, fez com que a adoção de normas ambientais fosse uma bandeira a ser defendida e sufragada pelas nações que encontram alvorecer econômico no mercado global.

Portanto, fica claro que nas décadas de 1960 e 1970 novos rumos marcam o período de conscientização ambiental, quiçá o inauguram, em face dos encontros que buscavam discutir, a um

---

41 DAVIES, Peter G. G. **European Union Environmental Law: An Introduction to Key Selected Issues**. England: Ashgate Publishing, 2004, p. 2.

42 VARELLA, Marcelo Dias. **Direito internacional econômico ambiental**. Belo Horizonte: Del Rey, 2003, p. 32.

43 BELLEN, Hans Michael van. **Indicadores de sustentabilidade**. 2. ed. Rio de Janeiro: FGV, 2006, p. 23.

só tempo, desenvolvimento seguro (sustentável) e proteção dos recursos naturais (meio ambiente).[44]

Isso fez com que uma série de requisitos passasse a ser exigida no processo de formação (manufatura) de produtos. No entanto, os países precisam de tempo para adequar sua indústria interna ao mercado global, e nesse ínterim, muitas vezes precisam se proteger, sob pena de serem absorvidas pelo mercado.[45]

Assim, falar em adequação ao mercado internacional importa falar em sustentabilidade econômica e ambiental. E a sustentabilidade ambiental pode ser definida como o uso de recursos renováveis ao longo de toda a atividade empresarial, não acumulando nem incorporando poluição e degradação ao sistema produtivo.[46]

Em face da anunciada[47] escassez de recursos naturais, decorrente das pesquisas realizadas na década de 1970, foram celebrados dezenas de acordos multilaterais envolvendo a discussão ambiental e o limite do crescimento em face dos recursos disponíveis. Inclusive, diante dessas necessárias medidas de mitigação, foram exigidas informações[48] de países que tinham acelerado seu processo de industrialização e, via de consequência, de degradação do meio ambiente.[49]

---

44 DAVIES, Peter G. G. **European Union Environmental Law: An Introduction to Key Selected Issues**. England: Ashgate Publishing, 2004, p. 3.

45 STIGLITZ, Joseph E. **Globalização. Como dar certo**. São Paulo: Companhia das Letras, 2007, p. 150.

46 HURREL, Andrew; KINGSBURY, Benedict. **The International politics of the Environment: An Introduction**. New York: Oxford University Press Inc., 1992, p. 43.

47 Ver NASCIMENTO E SILVA, Geraldo Eulálio do. **Direito ambiental internacional**. 2. ed. Rio de Janeiro: Thex Ed., 2002, p. 47, no que tange ao relatório "Os limites do crescimento".

48 MACHADO, Paulo Affonso Leme. **Direito à informação e meio ambiente**. São Paulo: Malheiros, 2006, p. 64.

49 SUSSKIND, Lawrence; OZAWA, Connie. Negotiating More Effective International Environmental Agreements. In: HURREL, Andrew; KINGS-

Além dos tratados formais, a menção a princípios gerais de proteção ambiental, a orientação internacional reconhecida pelos estados e o incremento de novas e menos poluentes tecnologias, fez com que os países que antes não aceitavam a preservação do meio ambiente dentro de suas fronteiras passassem a aceitá-la.[50]

O controle da natureza e a modificação da produção econômica têm seu nascedouro após a Revolução Industrial e possuem estreita relação com o conhecimento e domínio dos movimentos do meio ambiente. A partir desse domínio, a apropriação dos recursos naturais ficou mais fácil.

Porém, a falta de racionalização e eficiência levou a uma preocupante constatação: a escassez de certos bens naturais.[51]

1.4 As (nem tão) recentes questões climáticas

Durante a Rio-92, foi celebrado um Tratado – Convenção-Quadro das Nações Unidas sobre Mudanças do Clima (UNFCCC – *United Nations Framework Convention on Climate Change*)[52] – que procurava estabilizar as concentrações de gases de efeito estufa na atmosfera, buscando mecanismos que monitorassem seus níveis para impedir uma perigosa interferência antrópica no

BURY, Benedict. **The International politics of the Environment**. New York: Oxford University Press Inc., 1992, p. 143.

50 SUSSKIND, Lawrence; OZAWA, Connie. Negotiating More Effective International Environmental Agreements. In: HURREL, Andrew; KINGSBURY, Benedict. **The International Politics of the Environment**. New York: Oxford University Press Inc., 1992, p. 154.

51 DERANI, Cristiane. **Direito ambiental econômico**. 3. ed. São Paulo: Saraiva, 2008, p. 54.

52 ESTY, Daniel C.; WINSTON, Andrew S. **Green to Gold. How Smart Companies Use Environmental Strategy to Innovate, Create Value, and Build Competitive Advantage**. Revised and updated Edition by John Wiley & Sons, Inc. Hoboken, New Jersey, 2009, p. 34.

sistema climático e, ao mesmo tempo, combatessem o aquecimento global.[53]

Esse tratado não trazia limites obrigatórios de redução de emissões de gases de efeito estufa (*greenhouse gases* – GHG ou GEE) para os países signatários, porém previa sazonais atualizações e encontros periódicos.

A mais abalizada doutrina ensina que os tratados são instrumentos de cooperação internacional, capazes de possibilitar a utilização de seus princípios ao promover o desenvolvimento em plano internacional, a conservação ambiental e a melhoria das condições socioeconômicas e da qualidade de vida das populações, especialmente nos países menos desenvolvidos.[54]

Em 1997, foi assinado o Protocolo de Quioto.

Dessa vez, esse Protocolo estabeleceu obrigações jurídicas para os países desenvolvidos, muitos dos quais precisariam reduzir as suas emissões de gases de efeito estufa a fim de se evitar um colapso. Porém, apesar de ter sido assinado em 1997, o Protocolo de Quioto só entrou em vigor em 2005, depois da adesão da Rússia. De acordo com esse Protocolo, os países industrializados, chamados de Países do Anexo B, obrigaram-se a reduzir em 5% as suas emissões de Gases de Efeito Estufa (GEE), tendo como base o ano de 1990.

A despeito da entrada em vigor do Protocolo de Quioto e com o primeiro período para o cumprimento dos compromissos assumidos cobrindo os anos de 2008 a 2012, as negociações internacionais e as reuniões dos países signatários, as COPs (*Conference of the Parties*), continuaram acontecendo regularmente na tentativa de diminuir o enorme hiato econômico entre os países industrializados e os países em desenvolvimento.

---

53 NUSDEO, Ana Maria de Oliveira. Mudanças climáticas e os instrumentos jurídicos adotados pela legislação brasileira para o seu combate. In: NUSDEO, Ana Maria de Oliveira; TRENNEPOHL, Terence (Coords.). **Temas de direito ambiental econômico**. São Paulo: Revista dos Tribunais, 2019, p. 194.

54 MILARÉ, Édis. **Direito do ambiente**. 11. ed. São Paulo: Thomson Reuters, 2018, p. 1722.

Em 2009, na cidade de Copenhague, na Dinamarca, ocorreu mais um desses encontros globais para discutir ações e os novos desafios causados pelas mudanças climáticas.

Esse encontro, que foi a 15ª Conferência das Partes (COP 15), tinha como principal objetivo a discussão de medidas de mitigação e adaptação às mudanças climáticas. A busca por fontes alternativas de energia e a transferência de tecnologia são pontos bastantes discutidos, e, a despeito dos desdobramentos políticos que tenham ocorrido, certamente o encontro assinalou um novo horizonte, em busca de soluções renováveis e menos poluentes.

Nessa ocasião, alguns países, dentre eles o Brasil, apesar de não possuírem metas de redução obrigatórias estabelecidas pelo Protocolo de Quioto, apresentaram metas voluntárias de redução de emissão de gases de efeito estufa.

O Brasil se comprometeu a reduzir até 2020 suas emissões projetadas de gases de efeito estufa entre 36,1% e 38,9%, aprovando dois importantes diplomas legais naquele momento: a Lei n. 12.114/2009, que criou o Fundo Nacional sobre Mudança do Clima (FNMC), e a Lei n. 12.187/2009, que estabeleceu a Política Nacional sobre Mudança do Clima (PNMC).[55]

Quanto ao Protocolo de Quioto e ao objetivo de alcançar a redução de emissões globais, foram estabelecidos três principais mecanismos para auxiliar os países a atingir suas metas de redução com efetividade e baixo custo, a saber: (i) o Sistema de Comércio de Emissões (*Emissions Trading System – ETS*), (ii) a Implementação Conjunta (*Joint Implementation – JI*) e (iii) o Mecanismo de Desenvolvimento Limpo (*Clean Development Mechanism – CDM*).

O Sistema de Comércio de Emissões, previsto no art. 17 do Protocolo, deve ser adicional às ações domésticas e funciona, basicamente, no estilo *cap-and-trade*, em que uma autoridade estabelece

---

55 Ambos os diplomas legais serão vistos na Parte IV deste livro. Para maiores detalhes e aprofundamento, v. TRENNEPOHL, Curt; TRENNEPOHL, Natascha; TRENNEPOHL, Terence. **Legislação ambiental comentada: comentários às políticas nacionais**. 2. ed. São Paulo: Thomson Reuters Brasil, 2025.

um limite de emissões para determinadas instalações/setores. Assim, caso uma instalação emita mais do que as permissões e extrapole o *cap*, precisa comprar créditos no mercado.

Um dos principais e maiores sistemas de comércio de emissões é o sistema europeu (EU ETS), em operação desde 2005 e que já passou por várias reestruturações ao longo das fases.[56]

Os demais mecanismos, ancorados em projetos, foram utilizados para auxiliar a produção de créditos com características muito semelhantes, diferenciando-se na medida em que o JI era usado para o desenvolvimento de projetos em países com metas obrigatórias e o CDM em países que não possuíam obrigações, como Brasil e China.

Dessa forma, um país industrializado (constante no Anexo B) poderia financiar um projeto de Mecanismo de Desenvolvimento Limpo (MDL) em um país em desenvolvimento (não constante no Anexo B). De acordo com o art. 12 do Protocolo, além da obtenção das metas de redução dos GEE, tal mecanismo tinha como um dos seus principais objetivos a promoção do desenvolvimento sustentável nos países em desenvolvimento.

Com as mudanças introduzidas pelo Acordo de Paris (art. 6º), celebrado em 2015, e com as discussões para, cada vez mais, aumentar a ambição dos países, a operacionalização de novos mecanismos de mercado continua sendo discutida como uma forma de auxiliar os países a alcançarem suas Contribuições Nacionais Determinadas (*Nationally Determined Contributions* – NDCs).

Um fato é indiscutível: estamos todos num contexto global de sustentabilidade, não mais cabendo essa responsabilidade a determinados países (os grandes poluidores), pois as necessidades começam a exigir medidas ambientalmente corretas de abrangência global.

Ingo Sarlet e Tiago Fensterseifer contribuem para o estudo do tema ao dizerem que "é o direito ao futuro que está em jogo,

---

56 TRENNEPOHL, Natascha. **Mercado de carbono e sustentabilidade: desafios regulatórios e oportunidades**. São Paulo: Saraiva Jur, 2025, p. 37.

podendo-se até mesmo falar de certa sub-representação político-democrática dos interesses das gerações mais jovens no Estado Constitucional contemporâneo, assim como das futuras gerações que ainda estão por nascer, protegidas, por exemplo, pelo *caput* do art. 225 da CF/88".[57]

Continuam eles, afirmando que "os exemplos citados dizem respeito ao fenômeno recente da litigância climática, inclusive com inserções políticas e jurídicas cada vez mais importantes, tanto no plano nacional quanto internacional, relacionado à exigência de medidas governamentais para o enfrentamento ao aquecimento global, inclusive com o crescente acionamento do Poder Judiciário diante da omissão ou atuação insuficiente dos entes públicos".[58]

Em outro trabalho, os mesmos autores salientam o recente estado de emergência climática mundial, demonstrando que as bruscas alterações do clima são resultantes da atuação do homem.[59]

Vários exemplos podem ser citados no sentido de uma produção normativa mais condizente com as mudanças climáticas extremas, como a Cúpula Mundial sobre Desenvolvimento Sustentável (Rio+20), em 2012, o Acordo de Paris, aprovado na COP 21, que previa que todos empreendessem esforços no combate às mudanças climáticas, o Acordo Regional de Escazú, de 2017, o reconhecimento do direito ao meio ambiente como "direito humano" pelo Conselho de Direitos Humanos da ONU, em 2021, o "direito humano ao meio ambiente limpo, saudável e sustentável", também reconhecido pela ONU, em Assembleia Geral (Resolução A/76/L.75), em 2022, e mais outros tantos.

Dentre todos eles, sem dúvida alguma, o mais lembrado é o Acordo de Paris, cujo objetivo central era manter o aquecimento

---

57 SARLET, Ingo Wolfgang; FENSTERSEIFER, Tiago. **Curso de direito ambiental**. 3. ed. Rio de Janeiro: Forense, 2022, p. 929.

58 SARLET, Ingo Wolfgang; FENSTERSEIFER, Tiago. **Curso de direito ambiental**. 3. ed. Rio de Janeiro: Forense, 2022, p. 929.

59 SARLET, Ingo Wolfgang; WEDY, Gabriel; FENSTERSEIFER, Tiago. **Curso de direito climático**. São Paulo: Thomson Reuters Brasil, 2023, p. 57.

global neste século abaixo dos 2 graus Celsius acima dos níveis pré-industriais, que entrou em vigor em 4 de novembro de 2016, depois de ser ratificado por 55 países, que representam pelo menos 55% das emissões mundiais.

Até fins de 2023, 196 países haviam ratificado o Acordo.

1.5 Sistematização normativa dos princípios protetivos do meio ambiente em nível supranacional

A crise ambiental que mobiliza o globo não data de hoje. O desenvolvimento industrial dos últimos duzentos anos impressiona e os índices de degradação são cada vez mais alarmantes.

Não é preciso ir tão longe, basta rememorar as modificações dos últimos 25 anos, como a reunificação e o desmoronamento do sistema comunista, as privatizações e as desregulamentações, o fortalecimento do estado partidário, a europeização e a globalização, a xenofobia, as grandes fusões e aquisições empresariais, os índices recordes de desemprego, a rapidez do avanço da medicina, as revoluções da informática e a consolidação da necessidade da proteção do meio ambiente.[60]

Os danos ambientais ocorridos durante a Revolução Industrial foram superados (e, de certa forma, absorvidos) pela própria natureza. A crise ambiental que desponta no limiar deste milênio é consequência do modelo de crescimento econômico e populacional implementado ao largo do século XX, e que já apresenta sinais claros de insustentabilidade, bastando um lance de olhos nas crises mais recentes: desertificação, erosão de solos férteis, alterações climáticas substanciais, extinção de espécies da flora e fauna, diminuição da camada de ozônio e o aquecimento global.

Os encontros ocorridos no fim do século passado, a exemplo de Estocolmo, Rio e Quioto, foram algumas tentativas de resolver os problemas ambientais.

---

60 KLOEPFER, Michael. Vida e dignidade da pessoa humana. In: SARLET, Ingo Wolfgang (Org.). **Dimensões da dignidade. Ensaios de filosofia do direito e direito constitucional**. Porto Alegre: Livraria do Advogado, 2005, p. 154.

O primeiro Tratado de defesa do meio ambiente foi a Convenção Internacional para a Prevenção da Poluição do Mar por Óleo, assinada em Londres, no ano de 1954.[61] Foi revista em 1962 e outras duas Convenções sobre o mesmo tema foram assinadas em Bruxelas, na Bélgica, em 1969.[62]

Porém, a conscientização somente veio alguns anos depois, quando, no início dos anos 1970, um grupo de cientistas se reuniu em Roma para discutir os grandes problemas internacionais ligados às questões ambientais da evolução e do crescimento populacional, propagando estudos desenvolvidos por pesquisadores do *Massachusetts Institute of Technology* (MIT). Esse grupo ficou conhecido como o Clube de Roma, e os resultados desse encontro davam conta de um prognóstico não muito alvissareiro, em razão das previsões de esgotamento das reservas naturais da Terra.[63]

Nesse mesmo ano, em Estocolmo, mais de 100 países e 400 entidades governamentais se reuniram para discutir, em nível global, os problemas ambientais do século XX.[64]

Esse encontro, conhecido como *Conferência de Estocolmo*, revelou conflitos de opiniões entre países desenvolvidos e subdesen-

---

61 Wagner Costa Ribeiro sustenta que o primeiro encontro global cuja temática foi o meio ambiente, fora a UNSCCUR (*United Nations Scientific Conference on the Conservation and Utilization of Resources*) realizado nos Estados Unidos em 1949, com a participação de 49 países (com a ausência da URSS – União Soviética). In: RIBEIRO, Wagner Costa. **A ordem ambiental internacional**. 2. ed. São Paulo: Contexto, 2005, p. 63.

62 NASCIMENTO E SILVA, Geraldo Eulálio do. **Direito ambiental internacional**. 2. ed. Rio de Janeiro: Thex Ed., 2002, p. 28.

63 NASCIMENTO E SILVA, Geraldo Eulálio do. **Direito ambiental internacional**. 2. ed. Rio de Janeiro: Thex Ed., 2002, p. 47. Esse relatório, chamado "The Limits of Growth", teve enorme repercussão internacional, pois, de acordo com os cientistas, acaso as taxas de crescimento industrial e populacional continuassem a subir, segundo os parâmetros verificados, na metade do século XXI o mundo seria acometido pela falta de recursos naturais renováveis, gerando uma situação irreversível.

64 RIBEIRO, Wagner Costa. **A ordem ambiental internacional**. 2. ed. São Paulo: Contexto, 2005, p. 74.

volvidos, pois os primeiros, em razão de não mais possuírem tantos problemas sociais, sustentavam a necessidade de preocupação com a causa ambiental, enquanto os demais, fartos de problemas estruturais e econômicos, tratavam o meio ambiente como uma preocupação secundária.[65]

A grande virtude da declaração de 1972 foi a de ter reconhecido que os problemas ambientais dos países desenvolvidos eram diferentes dos países em desenvolvimento e, portanto, o tratamento deveria ser diferente, por meio de regras distintas e menos rígidas.[66]

Na década passada, mais precisamente em 1990, o *UK Environmental Protection Act (EPA)* firmou normas de controle de poluição na Inglaterra.[67]

Somente em 1992, na cidade do Rio de Janeiro, a Rio-92 (*Earth Summit*), contando com a presença de quase 200 países e 1500 representantes de ONG's – organizações não governamentais, apresentou melhores resultados, em prol dos interesses ambientais globais.[68]

Diga-se de passagem, a proteção ambiental, envolta ou inserta no conceito da dignidade em nível global, constitui uma das bases do estado constitucional moderno, pois evoluiu juntamente com os demais princípios de proteção e hoje encontra segura guarida em diversos textos legais.[69]

---

65 CARNEIRO, Ricardo. **Direito ambiental. Uma abordagem econômica**. Rio de Janeiro: Forense, 2001, p. 53.

66 NASCIMENTO E SILVA, Geraldo Eulálio do. **Direito ambiental internacional**. 2. ed. Rio de Janeiro: Thex Ed., 2002, p. 32.

67 SPEDDING, Linda S. **Environmental Management for Business**. West Sussex: John Wiley & Sons Ltd., 1996, p. 67.

68 NASCIMENTO E SILVA, Geraldo Eulálio do. **Direito ambiental internacional**. 2. ed. Rio de Janeiro: Thex Ed., 2002, p. 10. O autor enumera as dezenas de convenções multilaterais as quais o Brasil já estava vinculado desde a década de 1960.

69 HÄBERLE, Peter. A dignidade humana como fundamento da comunidade estatal. In: SARLET, Ingo Wolfgang (Org.). **Dimensões da dignidade. Ensaios de filosofia do direito e direito constitucional**. Porto Alegre: Livraria do Advogado, 2005, p. 150.

Ambos os documentos revelavam programas, intenções, parâmetros e limites para regular o desenvolvimento sustentável e as emissões de poluentes. No espaço de tempo entre um e outro encontro, uma série de mecanismos internacionais foi estimulada e fortaleceu o cenário internacional de proteção ambiental.[70]

Todas as conclusões a que chegaram os participantes destes dois encontros de dimensões globais levaram ao questionamento do modelo de produção e desenvolvimento dos países capitalistas, e também a uma reavaliação do modo clássico da economia.[71]

Concluiu-se que a grave crise ambiental que irrompeu nos últimos anos foi consequência do modelo de crescimento econômico e populacional que se implementou no século XX, e que já apresenta sinais claros de insustentabilidade.

A sociedade moderna, globalizada, ao tempo que representa avanços tecnológicos, vive muito próxima dos riscos ambientais. Nessa sociedade, pondera-se, no mais das vezes, o que é mais importante: a prevalência das normas de proteção ambiental ou as normas que dão direito ao desenvolvimento?

A ideia revolucionária que define a fronteira entre os tempos modernos e o passado é o domínio de risco. A noção de que o futuro é mais do que o capricho dos deuses e que os homens e as mulheres não são passivos diante da natureza.[72]

---

70 RIBEIRO, Wagner Costa. **A ordem ambiental internacional**. 2. ed. São Paulo: Contexto, 2005, p. 93. Como exemplo, pode-se mencionar a Convenção sobre Comércio Internacional de Espécies da Flora e Fauna Selvagens em Perigo de Extinção (CITES), a Convenção sobre Poluição Transfronteiriça de Longo Alcance (CPT), a Convenção de Viena para Proteção da Camada de Ozônio (CV), o Protocolo de Montreal sobre Substâncias que Destroem a Camada de Ozônio (PM) e a Convenção da Basileia sobre o Controle de Movimentos Transfronteiriços de Resíduos Perigosos e seu Depósito (CTR).

71 CARNEIRO, Ricardo. **Direito ambiental. Uma abordagem econômica**. Rio de Janeiro: Forense, 2001, p. 69.

72 BERNSTEIN, Paul. **Against the Gods: The Remarkable Story of Risks**. West Sussex: John Wiley & Sons Inc., 1996, p. 1.

O cenário de globalização, em que se discute a proteção do meio ambiente, comércio internacional e expansão dos mercados, tenta promover um ajuste dos custos privados aos custos públicos e sociais.

Principalmente na última década, a União Europeia estabeleceu como prioridade para sua indústria a implementação do princípio da "responsabilidade partilhada",[73] onde as empresas devem buscar a proteção e preservação do meio ambiente.[74]

Portanto, resta claro que a preocupação de proteger o meio ambiente ocorreu primeiro em âmbito internacional, principalmente através dos Tratados relativos ao Direito do Mar, onde se deu o nascimento da proteção ambiental internacional, como nas Declarações que sucederam Estocolmo e Rio de Janeiro.[75]

---

73 SPEDDING, Linda S. **Environmental Management for Business**. West Sussex: John Wiley & Sons Ltd., 1996, p. 65. A autora usa o termo "shared responsibility", para demonstrar o andamento do pensamento na União Europeia. No site das Nações Unidas (http://www.un.org/millennium/declaration/ares552e.htm), no documento intitulado *United Nations Millennium Declaration*, há uma definição para o termo: *Shared responsibility. The responsibility for managing worldwide economic and social development, as well as threats to international peace and security, must be shared among the nations of the world and should be exercised multilaterally. As the most universal and most representative organization in the world, the United Nations must play the central role.* Acesso em: 5 nov. 2008. A responsabilidade pela gestão mundial do desenvolvimento econômico e social, bem como das ameaças à paz e à segurança internacionais, deve ser compartilhada entre as nações do mundo e deve ser exercida de forma multilateral. Como a mais universal e mais representativa organização no mundo, as Nações Unidas devem desempenhar o papel central (tradução livre).

74 SPEDDING, Linda S. **Environmental Management for Business**. West Sussex: John Wiley & Sons Ltd., 1996, p. 65.

75 A exemplo de: 1) *Bremen Ministerial Declaration of the International Conference on the Protection of the North Sea* (1984); 2) *London Ministerial Declaration of the Second International Conference on the Protection of the North Sea* (1987); 3) *Hague Declaration of the Third International Conference on the Protection of the North Sea* (1990) e 4) *Esbjerg Declaration of the Fourth*

Dessa forma, em face de a adoção de soluções para a preservação ambiental ter repercutido no cenário internacional, tendo como suas principais fontes os Tratados e as Convenções internacionais, ficou mais fácil de se adentrar na legislação interna dos países preocupados com o futuro do planeta.

A economia mundial havia se planificado e os problemas passaram a ganhar preocupação em escala mundial. Era preciso que algo fosse feito, sob pena de perecimento de espécimes e escassez de recursos naturais.

Diante desse quadro, as nações, autonomamente, não possuíam mais a força regulatória necessária para conter o avanço do mercado e da economia, em seu nítido viés agressivo e pujante. Assim, era chegado o tempo de se criarem blocos econômicos com força financeira e comercial para evitar a própria falência e o enfraquecimento dos Estados, diante das sucessivas e sazonais crises que abalam o mundo em períodos indeterminados.

Nesse instante, surgem movimentações políticas para fortalecer o Estado em seu aspecto econômico, e não permitir que a legislação perca o controle e o rumo do mercado, mantendo-o sob seu domínio, ao menos orientando seu direcionamento.

Assim, passam a interagir com as nações individualmente postas, os blocos econômicos, os mercados comuns e as regras transnacionais de comércio.

International Conference on the Protection of the North Sea (1995). Cf. SADELEER, Nicolas de. **Environmental Principles – From Political Slogans to Legal Rules**. New York: Oxford University Press Inc., 2002, p. 94.

CAPÍTULO 2
Economia mundial e regras transnacionais

2.1 Blocos econômicos e integração regional

A formação de blocos econômicos como conhecemos, na era moderna, surgiu na Europa, em meados do século passado, e apresenta como origem a configuração econômica do pós-guerra.

Juridicamente, sua origem tem como marco a Conferência Monetária e Financeira de Bretton Woods, ocorrida em julho de 1944, em New Hampshire, Estados Unidos, que teve como pauta delinear a ordem econômica internacional. Naquela ocasião foram criados o Fundo Monetário Internacional – FMI e o Banco Internacional para a Reconstrução e o Desenvolvimento (BIRD), posteriormente Banco Mundial. O FMI pretendia estimular a cooperação internacional e dar estabilidade ao câmbio dos países membros; já o Banco Mundial tinha como escopo prestar auxílio aos países pobres, que haviam sido prejudicados em razão da guerra.[1]

Todo o sistema econômico internacional surgiu orientado por um objetivo bastante específico, que era o de estabelecer uma estrutura legislativa apta a facilitar a troca de bens, serviços e capitais promovendo o desenvolvimento econômico contínuo e sem barreiras.[2]

Nessa esteira, trazendo a reboque o direito global, surgiu o direito comunitário, que se traduz como uma integração comuni-

---

1 AMARAL JUNIOR, Alberto do. **A solução de controvérsias na OMC**. São Paulo: Atlas, 2008, p. 15.

2 AMARAL JUNIOR, Alberto do. **A solução de controvérsias na OMC**. São Paulo: Atlas, 2008, p. 16.

[27]

tária, um fenômeno social, regulado por normas que versam a aproximação interestatal.[3]

Nesse campo, dar um passo atrás é impossível. O que se pode fazer é colocar o processo de integração a serviço do homem, instaurando tecnologias suaves, "limpas", não agressivas ao meio ambiente.[4]

Demais disso, pensar em crescimento e integração sem ter cuidado com os problemas ambientais, como a poluição e a degradação do meio ambiente, é não suportar obstáculos e prejudicar os processos econômicos, políticos e sociais.

A regionalização e a globalização da economia, como se disse, são irreversíveis. O mundo jamais esteve tão pequeno, próximo, e sujeito às profundas alterações nos meios de organização, comunicação, produção e distribuição.[5]

Nos aspectos jurídico e econômico essa aproximação é ainda mais vertiginosa, pois caem facilmente as barreiras comerciais, estreitam-se as relações e o direito passa a ser de todos, compreensível e aplicado pela comunidade, ainda que uma comunidade de padrões globais.

Os blocos econômicos passaram a atuar ao lado de organizações internacionais, organismos não governamentais, grupos relacionados a direitos humanos, refugiados, meio ambiente, e às empresas multinacionais, em multiplicidade de acordos e contratos de comércio, que estreitaram e facilitaram a integração.[6]

Quanto maior o número de países envolvidos, mais difícil é o entendimento entre eles. Nessa hora, o sistema concernente ao crescimento econômico tem de estar de acordo com as normas de proteção do meio ambiente, relativas às mudanças climáticas,

---

3 BORGES, José Souto Maior. **Curso de direito comunitário**. São Paulo: Saraiva, 2005, p. 66.

4 Idem.

5 AMARAL, Antônio Carlos Rodrigues do (Coord.). **Direito do comércio exterior**. São Paulo: Aduaneiras, 2004, p. 51.

6 AMARAL, Antônio Carlos Rodrigues do (Coord.). **Direito do comércio exterior**. São Paulo: Aduaneiras, 2004, p. 57.

preservação da biodiversidade, proteção das águas, manejo dos solos e todos os demais pontos de interseção, sob pena de perecimento do mercado integrado.[7]

Portanto, os blocos econômicos, no intento da integração regional, devem saber explorar (e manejar) a melhor estrutura para o mercado ambiental global, em face das pressões internas e externas, promovendo a cooperação e a proteção da biosfera.[8]

Assim já fazem alguns mercados em sede de tributação, onde a queda de barreiras é um fator de aproximação supranacional, para permitir maior fluência de produtos e serviços, reduzindo encargos e tornando menos onerosa as políticas econômicas.[9]

Portanto, a integração dos mercados já vem sendo induzida pela queda dessas barreiras fiscais, dando ensejo à aproximação e coordenação de políticas econômicas mais abrangentes.[10]

Como a forma do Estado não é mais aquela clássica do Estado-nação, surgem novos figurantes, como as "empresas globais" e os estados globais, como sendo as mais recentes formas de interação econômica com a população.[11]

E é justamente aí que reside a transnacionalização (ou globalização) da economia mundial, ou seja, o Estado com vocação

---

7 SUSSKIND, Lawrence E. **Environmental Diplomacy**. New York: Oxford University Press., 1994, p. 4.

8 SUSSKIND, Lawrence E. **Environmental Diplomacy**. New York: Oxford University Press., 1994, p. 5.

9 MARTINS, Ives Gandra da Silva. Aproximação dos sistemas tributários. Considerações sobre a concorrência fiscal internacional. In: MARTINS, Ives Gandra da Silva; ELALI, André; DE BAKER, Jean-Marie; LEPIÈCE, Annabelle. **Temas de tributação e direito internacional**. São Paulo: MP Editora, 2008, p. 19.

10 ELALI, André. Algumas ponderações a respeito da concorrência fiscal internacional. In: MARTINS, Ives Gandra da Silva; ELALI, André; DE BAKER, Jean-Marie; LEPIÈCE, Annabelle. **Temas de tributação e direito internacional**. São Paulo: MP Editora, 2008, p. 37.

11 NOGUEIRA, Alberto. **Globalização, regionalizações e tributação. A nova matriz mundial**. Rio de Janeiro: Renovar, 2000, p. 3.

planetária e as empresas que se estruturam em grandes conglomerados econômicos e industriais, com planejamento em escala mundial.[12]

2.2 Planejamento da produção em escala mundial

A intenção das empresas, como dito, não mais se restringe ao mercado setorial, reduzido em termos espaciais. O espectro ficou maior e a sociedade passou a consumir como nunca antes visto.

Nesse processo, é inegável que se vive uma intensa crise ambiental, em face do aumento na demanda e no consumo de recursos naturais.

A essa fase de crescimento e de consumo se convencionou chamar "sociedade de risco", ocasionada pela contradição e pelos problemas surgidos entre o desenvolvimento tecnológico, industrial e de organização e gestão econômica, com a primazia e busca pela melhora na qualidade de vida.[13]

As mudanças nos processos de produção industrial importaram também modificações substanciais na sinergia existente entre o desenvolvimento e o comércio, buscando atingir objetivos ambientalmente corretos, e, em alguns casos, implicar uma redução de custos, a fim de se posicionar melhor no mercado.[14]

Nesse cenário, mostra-se realmente de suma importância para as empresas a elaboração de um *EMS – Environmental Management System*, como forma de aferir quais os custos e benefícios que podem ser agregados aos seus valores dentro das políticas ambientais. Essa avaliação é desenvolvida a fim de buscar subsídios para que as

---

12 Idem, p. 29.

13 LEITE, José Rubens Morato; AYALA, Patryck de Araújo. "Novas tendências e possibilidades do direito ambiental do Brasil". In: WOLKMER, Antônio Carlos; LEITE, José Rubens Morato (Orgs.). **Os "novos" direitos no Brasil. Natureza e perspectivas**. São Paulo: Saraiva, 2003, p. 182.

14 **Business and the Environment: Policy Incentives and Corporate Responses**. OECD, 2007, p. 17.

decisões tomadas pela instituição estejam em sintonia com as políticas ambientais corretas.[15]

Demais disso, tendem a ser mais acertadas as decisões das empresas, quando em consonância com as expectativas dos agentes internos e externos (*stakeholders*)[16] e as pressões do mercado. Em muitos casos, as notícias ambientais atendem aos anseios avaliados e esperados pelos consumidores, que são destinatários finais de produtos e serviços.[17]

Portanto, o mercado tem que ser sentido, para que atitudes possam ser tomadas de maneira estratégica, enxergando oportunidades de novos negócios.

Muitas empresas estão buscando essas estratégias, encontrando maneiras de reduzir o consumo de energia, e também identificar os possíveis benefícios fiscais gerados por essas medidas. Um relevante motivo que as leva a pensar nas questões ambientais é a pressão crescente que estão sentindo em relação ao assunto. Os acionistas e o público estão exigindo, cada vez mais e com mais vigor, que adotem práticas mais responsáveis para com o meio ambiente.[18]

Num futuro bem próximo as empresas certamente enfrentarão exigências ainda mais rígidas em relação à divulgação dos dados sobre os riscos que as mudanças climáticas apresentam para

---

15 **Business and the Environment: Policy Incentives and Corporate Responses**. OECD, 2007, p. 40.

16 *Stakeholders* (ou "detentores de interesses") são todos aqueles que podem ser afetados pelo desempenho de uma organização, como os empregados, fornecedores, clientes, investidores, comunidades, organizações não governamentais, órgãos públicos, imprensa, enfim, todos que de alguma maneira receberão algum impacto em face da atividade desenvolvida pela empresa. Cf. SAVITZ, Andrew W. **A empresa sustentável: O verdadeiro sucesso é o lucro com responsabilidade social e ambiental**. Rio de Janeiro: Elsevier, 2007, p. 65.

17 **Business and the Environment: Policy Incentives and Corporate Responses**. OECD, 2007, p. 50.

18 VALOR ECONÔMICO. **Empresa "verde" é esperança de lucro para consultorias**. São Paulo, 9-10-2008.

seus negócios. Aquelas com atuação internacional já precisam atender a normas bastante estritas e, particularmente nos EUA, espera-se que a política relativa às emissões de carbono também fique mais severa.[19]

Algumas grandes empresas, que diversificaram suas atividades e se espalharam pelo mundo, já perceberam que devem ter uma participação mais ativa na vida das comunidades em que estão instaladas, em face da evolução da responsabilidade social empresarial.[20]

Porém o planejamento da produção mundial não se atém ao aspecto ambiental por mera filantropia, mas sim devido ao fato de que as empresas estão considerando a responsabilidade social ambiental como uma nova maneira de gerar faturamento e lucro, com a criação de novos produtos ou a adaptação dos já existentes.

E talvez seja a explicação encontrada para o crescimento e o desenvolvimento do chamado "mercado verde".

Somente para exemplificar o que isso representa, o Brasil tem hoje cerca de 1 milhão de pessoas trabalhando nesses "empregos verdes", que são as atividades ambientalmente sustentáveis.[21]

Demais disso, o rápido crescimento pela produção de fontes de energia alternativas, capazes de minimizar o aquecimento global, trará um significativo impacto na criação de serviços e empregos "verdes" nos próximos anos.

Um estudo divulgado pelo Programa de Meio Ambiente das Nações Unidas (*United Nations Environmental Program*) prevê a geração de pelo menos 20 milhões de empregos com essas características ambientais até o ano de 2030, sendo que 12 milhões deles

---

19 Idem.

20 VALOR ECONÔMICO. **Política de boa vizinhança**. São Paulo, 12-9-2008. No Brasil, exemplos de empresas que se instalaram fora de suas matrizes e imediatamente deram início a projetos sociais, foram a Perdigão (Videira-SC), a Basf (Guaratinguetá-SP), a IBM (Hortolândia-SP), a Sadia (Lucas do Rio Verde-MT), a Ambev (Maués-AM), a Alcoa, a Philips e a Gerdau (estas em diversos municípios de Pernambuco).

21 GAZETA MERCANTIL. **Cresce número de "empregos verdes"**. São Paulo, 28-10-2008.

apenas na indústria de bioenergia, onde o Brasil será um dos principais beneficiados.[22]

Segundo o estudo, o resultado econômico dessas mudanças movimentará o mercado global de serviços e produtos "verdes" com cerca de US$ 2,74 bilhões no ano de 2020.

Portanto, é impossível deixar de fazer uma análise econômica desses impactos no cenário mundial, principalmente pela conjugação da preservação do meio ambiente com os elevados números envolvidos nessa movimentação.

2.3 A globalização e a importância da análise econômica e ambiental das relações comerciais na sociedade contemporânea

A análise econômica da sociedade industrial diz respeito aos anseios de consumo, mormente quando implicam significativos ambientais, como é o caso do mercado globalizado.

Modernamente o comércio entre os países atinge seu ápice, onde as relações se estreitam cada vez mais. Diz-se, inclusive, que a planificação do mundo e a aproximação das nações se estagnaram, não havendo mais barreiras para o desenvolvimento e as ondas da globalização.[23]

A análise ambiental dentro do contexto econômico é fundamental, principalmente porque do meio ambiente e das relações com a natureza advêm os insumos (recursos naturais) para a produção industrial. Enfim, a relação do homem com o meio ambiente não pode ser substituída pelas formas artificiais de produção, como os sintéticos e deles derivados.

---

22 VALOR ECONÔMICO. **Energias alternativas criarão 20 milhões de empregos "verdes"**. São Paulo, 15-10-2008.

23 FRIEDMAN, Thomas. **O mundo é plano. Uma breve história do século XXI**. Rio de Janeiro: Objetiva, 2005, p. 19. O autor menciona diversas etapas de globalização, sendo essa a definitiva, pois inexistem barreiras entre os Estados.

A interação dos fatores econômicos e ambientais é tratada pelo comércio internacional, mais especificamente pelo Acordo de Criação do GATT (OMC), de forma bastante abrangente no aspecto ambiental. Diz o texto:

> Reconhecendo que as suas relações na esfera da atividade comercial e econômica devem objetivar a elevação dos níveis de vida, o pleno emprego e um volume considerável e em constante elevação de receitas reais e demanda efetiva, o aumento da produção e do comércio de bens e de serviços, permitindo ao mesmo tempo a utilização ótima dos recursos mundiais em conformidade com o objetivo de um desenvolvimento sustentável e buscando proteger e preservar o meio ambiente e incrementar os meios para fazê-lo, de maneira compatível com suas respectivas necessidades e interesses segundo os diferentes níveis de desenvolvimento econômico.[24]

O artigo XX desse Acordo, especificamente sobre o tema, versa as exceções ao livre comércio, apontando barreiras de ordem não tarifária, mas ambiental, nos seguintes termos:

> Artigo XX [...]
> EXCEÇÕES GERAIS
> Desde que essas medidas não sejam aplicadas de forma a constituir quer um meio de discriminação arbitrária, ou injustificada, entre os países onde existem as mesmas condições, quer uma restrição disfarçada ao comércio internacional, disposição alguma do presente capítulo será interpretada como impedindo a adoção ou aplicação, por qualquer Parte Contratante, das medidas:
> [...]
> b) necessárias à proteção da saúde e da vida das pessoas e dos animais e à preservação dos vegetais;
> [...]

---

24 Disponível em: http://www.planalto.gov.br/ccivil_03/decreto/1990-1994/anexo/and1355-94.pdf. Acesso em: 15 set. 2008.

g) relativas à conservação dos recursos naturais esgotáveis, se tais medidas forem aplicadas conjuntamente com restrições à produção ou ao consumo nacionais;

[...]

Vê-se, portanto, que a proteção do meio ambiente e as barreiras impostas ao desrespeito às normas de proteção foram reconhecidas pela OMC e têm sua preocupação bem fundada, em termos verdadeiramente claros.

É esse artigo que permite implementar as exceções à liberdade de comércio em prol do meio ambiente, pois as restrições impostas são de cunho protecionista e não liberal. As normas de comércio são sempre discutidas entre os países envolvidos. Servem, atualmente, como moeda de troca entre as nações. Isso visa a permitir a entrada de produtos vindos dos países em desenvolvimento nos países desenvolvidos.[25]

No entanto, alguns autores entendem que com a criação da OMC, e no tocante específico das normas ambientais, elas foram integradas ao comércio mundial, estando, muitas vezes, em primeiro plano.

Entretanto, na hipótese de conflito entre as normas da OMC e a dos acordos internacionais de proteção ao meio ambiente, estas cederão espaço àquelas, em razão da força do mercado internacional e da preponderância dos interesses econômicos em jogo.[26]

Essa ainda é a força do mercado.

Porém, não se pode esquecer que a análise dos fatores que circundam a produção das empresas, seja através de um planejamento simples, seja por meio de um *EMS – Environmental Management System,* pode ter enorme influência no seu desempenho, em razão de poder apontar qual a melhor *performance* ambiental diante do mercado globalizado.[27]

---

25 VARELLA, Marcelo Dias. **Direito internacional econômico ambiental**. Belo Horizonte: Del Rey, 2003, p. 257.

26 VARELLA, Marcelo Dias. **Direito internacional econômico ambiental**. Belo Horizonte: Del Rey, 2003, p. 290.

27 **Business and the Environment: Policy Incentives and Corporate Responses**. OECD, 2007, p. 51.

O crescente interesse por fontes de energias alternativas tem justificativa. O mencionado estudo divulgado pelo Programa de Meio Ambiente das Nações Unidas (*United Nations Environmental Program – UNEP*) e que prevê pelo menos 20 milhões de novos empregos no segmento ambiental até 2030,[28] resultará, como se disse, na movimentação de cerca de US$ 2,74 bilhões em produtos e serviços.[29]

É sabido que há mais de 3 séculos o mundo vive numa sociedade de mercado, que tem suas leis próprias e que, muito embora sejam insuficientes, permitem a livre troca de mercadorias e a integração das nações.[30]

Como a finalidade da economia de mercado é o lucro, deve haver alguma regulação a fim de permitir que o aumento de capital de certas organizações, a exemplo das já mencionadas corporações, seja concomitante com o desenvolvimento sustentável.[31]

Essa economia de mercado global é movida por uma constante e veloz concorrência, por inovações tecnológicas de última hora, pelo crescimento da produção e vertiginoso aumento do consumo.[32]

---

28 UNEP. **Green Jobs: Towards Decent Work in a Sustainable, Low--Carbon World**. Disponível em: http://www.unep.org/civil_society/Features/greenjobs-launch.asp. Acesso em: 25 out. 2008.

29 Idem. O segmento de energia renovável aponta ser um dos mais favorecidos, pois, segundo o estudo, hoje cerca de 300 mil pessoas trabalham com energia eólica e 170 mil com energia solar. Outras 1,2 milhão estão empregadas no setor de geração de energia com biomassa, em apenas quatro países – Brasil, Estados Unidos, Alemanha e China.

30 DERANI, Cristiane. **Direito ambiental econômico**. 3. ed. São Paulo: Saraiva, 2008, p. 75.

31 DERANI, Cristiane. **Direito ambiental econômico**. 3. ed. São Paulo: Saraiva, 2008, p. 76.

32 DERANI, Cristiane. **Direito ambiental econômico**. 3. ed. São Paulo: Saraiva, 2008, p. 75. A autora sustenta ser a autorregulamentação do mercado uma ilusão, em razão dos monopólios, oligopólios, *dumpings*, cartéis, enfim, manobras comerciais tendentes a absorver cada vez mais espaço no mercado.

Essas transformações tendem a exigir mais dos recursos naturais que são objeto de transformação e consumo, mediante manufatura e industrialização. O crescimento e o avanço de tecnologias de exploração exigem também uma simultânea proteção do meio ambiente, na mesma velocidade e com a mesma riqueza de detalhes.

Portanto, com o aumento desses requisitos de proteção, e sua obrigatoriedade pelas diversas legislações de regência do mercado, sejam leis internas dos Estados, de comunidades de nações, ou mesmo de Tratados globais, aumentam os gastos para a fiel observância dessas exigências.[33]

Importa, por fim, ressaltar que a proteção do meio ambiente coloca novos obstáculos ao desmedido progresso. E as implicações na política econômica são muito importantes, pois é imperioso para o Estado e para as empresas manter uma relação de sustentabilidade com o mercado, a fim de conciliar desenvolvimento com preservação ambiental.[34]

---

33 DERANI, Cristiane. **Direito ambiental econômico**. 3. ed. São Paulo: Saraiva, 2008, p. 87.

34 TRENNEPOHL, Terence. **Manual de direito ambiental**. 12. ed. São Paulo: Saraiva Jur, 2025, p. 415.

CAPÍTULO 3
O desenvolvimento econômico da sociedade moderna ("sociedade de risco") e a proteção ambiental internacional

3.1 Consequências ambientais do desenvolvimento e a proteção no cenário internacional

Um dos incontestes indícios da globalização e da força do capital nesse início de século XXI é a impressionante devastação ambiental que ocorre no planeta.

Já se mencionou a destruição das florestas, o aumento da desertificação e contaminação do lençol freático, a poluição dos mares, rios, do ar, o aumento de ciclones, furacões, tornados, enfim, as catástrofes naturais nunca antes registradas, o aquecimento global e a ruptura da camada de ozônio, que dão sinais de que algo precisa ser feito.[1]

Mesmo porque, no mercado atual, o avanço do comércio precisa estar balanceado com o equilíbrio do meio ambiente, sob pena de desgastes ecológicos malferirem economias como um todo, a exemplo de catástrofes recentes que afetaram por completo mercados emergentes.

As empresas globais – transnacionais – são os principais agentes desse processo de integração, pois atuam em diversos países e continentes. Nesse sentido é bom perceber que as diretrizes que norteiam essa atuação têm como premissa diminuir custos e obter o máximo de retorno nos investimentos, obedecendo a um planejamento econômico muito bem definido.[2]

---

1 DAVIES, Peter G. G. **European Union Environmental Law: An Introduction to Key Selected Issues**. England: Ashgate Publishing, 2004, p. 21.

2 AMARAL JUNIOR, Alberto do. **A solução de controvérsias na OMC**. São Paulo: Atlas, 2008, p. 27.

Com a migração das empresas multinacionais para países onde a regulação das emissões é menor, a tendência é que as emissões aumentem. Pensando nisso é que a Europa e os países que levam mais a sério o aquecimento global e sua responsabilidade com as presentes e futuras gerações estão começando a impor sanções comerciais a determinados produtos oriundos dos países em desenvolvimento.[3]

As consequências do desenvolvimento fizeram com que as empresas de tecnologia assimilassem conceitos de sustentabilidade e começassem a oferecer produtos e serviços ecologicamente mais corretos.[4]

Os conceitos de sustentabilidade e de desenvolvimento sustentável foram compreendidos na sociedade como sendo fatores de risco, e considerados pelo direito ambiental como compromissos políticos, sociais e jurídicos pelos Estados, buscando um futuro possível, sustentável.[5]

---

3 STIGLITZ, Joseph E. **Globalização. Como dar certo**. São Paulo: Companhia das Letras, 2007, p. 18.

4 CORREIO BRAZILIENSE. **Onda verde**. Distrito Federal, 29-7-2008. Produtos como o chumbo vêm sendo combatidos pelo forte impacto que tem no ambiente e na saúde pública, bem como a reciclagem de cartuchos de impressão e reaproveitamento de embalagens. No âmbito da construção civil, as empresas americanas começam a adotar os padrões do *USGBC (United States Green Building Council)*, entidade da indústria da construção que define os parâmetros de sustentabilidade em obras e promove edifícios ambientalmente responsáveis. Essas preocupações podem render ensejo a certificação *LEED* (sigla em inglês de Liderança em Energia e *Design* Ambiental), selo dado a um seleto grupo de empreendimentos que segue rigorosos requisitos de sustentabilidade durante o processo de construção e que inclui, entre outras coisas, uso eficiente de água, de materiais reciclados e inovação.

5 AYALA, Patryck de Araújo. A proteção jurídica das futuras gerações na sociedade de risco global: O direito ao futuro na ordem constitucional brasileira. In: FERREIRA, Heline Sivini; LEITE, José Rubens Morato (Orgs.). **Estado de direito ambiental: Tendências. Aspectos constitucionais e diagnósticos**. Rio de Janeiro: Forense Universitária, 2004, p. 234.

Com as decisões (empresariais ou públicas) tomadas nesse sentido, são estabelecidos vínculos da atividade de regulação jurídica do ambiente (por parte do Estado) com um futuro cuja concretização dependerá da enfatização de práticas e alternativas para a gestão dos riscos da crise ambiental, que considerem a distribuição compartilhada de deveres e responsabilidades entre as gerações (aqui incluídas as empresas).[6]

Dessa forma, exige-se uma política global que pressuponha cooperação entre Estados, iniciativa privada e cidadãos, atuação preventiva e de precaução dos riscos ambientais, sempre primando pela informação ambiental e buscando responsabilização dos danos ambientais.[7]

É chegado, pois, o momento de se trabalhar conjuntamente.

3.2 Os debates ambientais internacionais e a sociedade de risco

É indiscutível que a globalização trouxe enorme progresso às ciências naturais. Porém, junto disso, inúmeros problemas ambientais se agregaram, como a poluição do ar, os resíduos sólidos, a poluição das águas, as substâncias perigosas, a poluição sonora e a prática e manipulação, ainda sem estudos conclusivos, dos organismos geneticamente modificados.[8]

Os limites do desenvolvimento sustentável não foram respeitados e os efeitos rapidamente puderam ser sentidos.

---

6 AYALA, Patryck de Araújo. A proteção jurídica das futuras gerações na sociedade de risco global: O direito ao futuro na ordem constitucional brasileira. In: FERREIRA, Heline Sivini; LEITE, José Rubens Morato (Orgs.). **Estado de direito ambiental: Tendências. Aspectos constitucionais e diagnósticos**. Rio de Janeiro: Forense Universitária, 2004, p. 249.

7 LEITE, José Rubens Morato; AYALA, Patrick de Araújo. **Direito ambiental na sociedade de risco**. Rio de Janeiro: Forense Universitária, 2002, p. 256.

8 DAVIES, Peter G. G. **European Union Environmental Law: An Introduction to Key Selected Issues**. England: Ashgate Publishing, 2004, p. 24.

Esse suposto descompasso entre o crescimento e a qualidade de vida tem ligação direta com a falta de controle e racionalidade do uso dos recursos naturais. Elementos relevantes e caracterizadores dessa crise mundial são a falta de educação ambiental e a expansão demográfica desordenada.[9]

É mister a prática de políticas públicas que remodelem os meios de exploração até então utilizados, sob pena de malferir não somente a natureza em seu hábitat mais recôndito, relativo aos animais, mas também a salubridade do próprio homem moderno.

A presença dos riscos ambientais em proporções planetárias significa a característica inovadora da sociedade moderna, uma vez que as situações de risco e perigo sempre estiveram presentes. O diferencial está no seu potencial global de abrangência, onde os danos não ficam restritos ao espaço geográfico em que a atividade perigosa foi produzida. Demais disso, no passado os riscos decorriam da falta de estrutura (tecnológica, higiênica, sanitária etc.) e, agora, são frutos de uma superestrutura industrial.[10]

Claramente se deixou para trás o paradigma da existência, que se convencionou chamar de modernidade, onde o homem se alicerçou no processo científico de conhecimento para evoluir, e migrou-se para uma era moderna, pós-industrial, pois a crença de que os recursos naturais eram infinitos deixou de prevalecer ante as constatações mais recentes.[11]

---

9 LEITE, José Rubens Morato; AYALA, Patryck de Araújo. Novas tendências e possibilidades do direito ambiental do Brasil. In: WOLKMER, Antônio Carlos; LEITE, José Rubens Morato (Orgs.). **Os "novos" direitos no Brasil. Natureza e perspectivas**. São Paulo: Saraiva, 2003, p. 182.

10 BECK, Ulrich. **La sociedad del riesgo: hacia una nueva modernidad**. Barcelona: Paidós, 1998, p. 28.

11 CUNHA, Paulo. A globalização, a sociedade de risco, a dimensão preventiva do direito e o ambiente. In: FERREIRA, Heline Sivini; LEITE, José Rubens Morato (Orgs.). **Estado de direito ambiental: Tendências. Aspectos constitucionais e diagnósticos**. Rio de Janeiro: Forense Universitária, 2004, p. 114.

Essa afirmação se dá em razão da insuficiência dos argumentos da ciência jurídica, baseada em critérios de racionalidade e lógica, mas também por critérios ilógicos, não lineares, como os políticos, sociais e econômicos. Daí por que a prevenção, através de incentivos e atividades de fomento, aparece forte e marcante neste novo cenário mundial.

Como as demandas e exigências da sociedade apresentam uma dimensão planetária, e não mais setorial, os obstáculos a essa proteção, quando vistos sob o prisma interno de cada estado, mostram-se insuficientes, pois no interior de cada país é impossível o planejamento e a organização ambiental quando se tem por objeto o mercado nos parâmetros globais da atualidade.[12]

A "sociedade de risco", portanto, é aquela em que se afigura complexa a tarefa de apresentar soluções adequadas para o conflito entre o desenvolvimento tecnológico e a obrigação de estabelecer limites à própria capacidade de intervenção sobre o meio ambiente.[13]

Essa sociedade moderna, chamada de *risk society*, e popularizada nos estudos de Ulrich Beck,[14] trouxe à tona as dificuldades de equacionar as inovações tecnológicas ao desenvolvimento, sob o prisma do princípio da precaução, pois esta nova fase social apresenta matizes de imprevisibilidade, incerteza e desconhecimento dos resultados de seu avanço.

Portanto, substituindo o modelo rural de sociedade, que tinha como base a produção de bens agrícolas, e que levou 10 mil anos para gerar a sociedade industrial, sobreveio a moderna fase

---

12 LEITE, José Rubens Morato; AYALA, Patryck de Araújo. Novas tendências e possibilidades do direito ambiental do Brasil. In: WOLKMER, Antônio Carlos; LEITE, José Rubens Morato (Orgs.). **Os "novos" direitos no Brasil. Natureza e perspectivas**. São Paulo: Saraiva, 2003, p. 182.

13 AYALA, Patryck de Araújo. A proteção jurídica das futuras gerações na sociedade de risco global: O direito ao futuro na ordem constitucional brasileira. In: FERREIRA, Heline Sivini; LEITE, José Rubens Morato (Orgs.). **Estado de direito ambiental: Tendências. Aspectos constitucionais e diagnósticos.** Rio de Janeiro: Forense Universitária, 2004, p. 231.

14 BECK, Ulrich. **World Risk Society**. Cambridge: Polity Press, 1999.

pós-industrial, tecnológica, contemporânea, onde a degradação e a poluição ambiental ganham contornos nítidos de descontrole, não sendo possível ao homem o domínio absoluto da natureza e dos recursos naturais.[15]

Assim, ante as incertezas científicas que a modernidade ostenta ao lidar com o meio ambiente e seus efeitos à sociedade contemporânea, o risco tornou-se, a um só tempo, fruto e consequência da modernidade.[16]

Fica a dúvida em saber se, diante do quadro de incertezas, o Direito interno, principalmente o regulatório e o ambiental, é suficiente para conter o avanço desmedido do mercado e, via de consequência, da degradação dos recursos naturais nos patamares atuais.

Pensar um direito minimalista e regional é esquecer o cenário da globalização e dos riscos por ele impostos. O mais correto, fugindo dos conceitos do passado, é integrar a atuação da sociedade ao mercado, almejando a proteção ambiental.[17]

A interação das empresas com o meio ambiente tem o nítido papel de densificar, firmar, sustentar a sociedade participativa e democrática, compatibilizando crescimento econômico e desenvolvimento sustentável.[18]

---

15 YOSHIDA, Consuelo Yatsuda Moromizato. As novas tendências e os novos desafios do Direito Ambiental. **Jus Navigandi**, Teresina, ano 8, n. 313, 16 maio 2004. Disponível em: http://www1.jus.com.br/doutrina/texto.asp?id=5225. Acesso em: 22 out. 2006.

16 TRENNEPOHL, Natascha. Contornos de uma crise ambiental e científica na sociedade qualificada pelo risco. In: VARELA, Marcelo Dias (Org.). **Direito, sociedade e riscos. A sociedade contemporânea vista a partir da ideia de risco**. Brasília: Uniceub, Unitar, 2006, p. 383.

17 LEITE, José Rubens Morato; AYALA, Patryck de Araújo. Novas tendências e possibilidades do direito ambiental do Brasil. In: WOLKMER, Antônio Carlos; LEITE, José Rubens Morato (Orgs.). **Os "novos" direitos no Brasil. Natureza e perspectivas**. São Paulo: Saraiva, 2003, p. 188.

18 MENEZES, Paulo Roberto Brasil Teles de. O direito do ambiente na era de risco: perspectivas de mudança sob a ótica emancipatória. **Revista de Direito Ambiental**, Ano 8, n. 32, out.-dez. 2003. São Paulo: Revista dos Tribunais, 2003, p. 134.

Resta claro que as políticas não são mais suficientes somente em níveis e formas governamentais e estatais, desapegados do apoio da iniciativa privada, das empresas e do mercado. Talvez a melhor forma de interação com a sociedade, buscando um equilíbrio ambiental, seja através do comércio internacional, de suas peculiares regras, e das subpolíticas que o cercam, nos moldes propostos por Ulrich Beck.[19]

As perspectivas da globalização, integrando o interesse público ao privado, podem fazer diferença no tocante aos aspectos ambientais.

A proteção do meio ambiente (jurídico-comunitária) deriva da consciência de que os problemas ambientais são transfronteiriços, e extrapolam o limite territorial de um estado ou de uma comunidade interestatal.[20]

A mudança de comportamento, principalmente daqueles que têm mais poder para tanto, implicaria uma mudança de paradigma. Se algumas organizações se modernizassem ecologicamente e buscassem linhas alternativas na relação com o meio ambiente, certamente os impactos ambientais seriam de outra ordem.[21]

Gradativamente o homem vai vendo se descortinar a falácia do mito construído pela ideia do progresso e das melhorias sociais, onde o domínio da natureza traz, por si só, todas as benesses.[22]

O colapso ambiental que se avizinha, segundo alguns cientistas, não pode passar despercebido pela sociedade de consumo e pelas instituições públicas e organizações privadas.

---

19 BECK, Ulrich. **World Risk Society**. Cambridge: Polity Press, 1999, p. 91.

20 BORGES, José Souto Maior. **Curso de direito comunitário**. São Paulo: Saraiva, 2005, p. 517.

21 BECK, Ulrich. **World Risk Society**. Cambridge: Polity Press, 1999, p. 92.

22 TRENNEPOHL, Natascha. Contornos de uma crise ambiental e científica na sociedade qualificada pelo risco. In: VARELLA, Marcelo Dias (Org.). **Direito, sociedade e riscos. A sociedade contemporânea vista a partir da ideia de risco**. Brasília: Uniceub, Unitar, 2006, p. 374.

O viés econômico-financeiro do mercado ambiental que ora se analisa também tangencia questões na ordem dos direitos fundamentais, principalmente pela importância que passam a ter depois das constituições modernas.

Essa importância é que deve ser sentida pelos Estados e pelas instituições democráticas que os compõem, a exemplo dos poderes legalmente instituídos, como executivo, legislativo e judiciário.

A eles incumbe zelar pela manutenção de uma ótica preservacionista, alheia ao desenfreado interesse do mercado, formulando legislações pertinentes com a defesa ambiental, executando políticas públicas de cunho social e dirimindo os conflitos que envolvem essa temática.

3.3 A dignidade da pessoa humana e a proteção do meio ambiente

O meio ambiente e sua proteção são considerados como uma extensão do direito à vida, se assim se considerar como tal o simples direito de viver valendo-se de todos os direitos fundamentais.[23]

Com o passar dos anos e a evolução do tratamento legal dispensado ao meio ambiente, ou seja, a incorporação da preservação aos textos fundamentais de diversos países, o meio ambiente ecologicamente equilibrado tornou-se um imperativo fundamental de sobrevivência e de solidariedade.

Trata-se, o meio ambiente, de um direito humano fundamental, assim como o direito à vida, interessado em proteger os valores fundamentais da pessoa humana e necessário à toda população.[24]

---

23 KLOEPFER, Michael. Vida e dignidade da pessoa humana. In: SARLET, Ingo Wolfgang (Org.). **Dimensões da dignidade. Ensaios de filosofia do direito e direito constitucional**. Porto Alegre: Livraria do Advogado, 2005, p. 158. Michael Kloepfer entende que nele (no direito a vida) está abrangida a existência corporal, biológica e física, pressupostos vitais para a utilização de todos os direitos fundamentais.

24 FIORILLO, Celso Antônio Pacheco. **Princípios do processo ambiental**. São Paulo: Saraiva, 2003, p. 33.

A preocupação com o meio ambiente, entendido como bem de uso comum do povo, representando um direito subjetivo e vinculado, essencialmente, ao direito à vida, encontra guarida na Constituição Federal de 1988.

Não resta dúvida de que seja um direito fundamental, apesar de não estar contido no art. 5º da Constituição Federal.[25]

Inclusive, comungando com o posicionamento de Ingo Wolfgang Sarlet, é de se entender que a proteção do meio ambiente está inserida na proteção do princípio da dignidade da pessoa humana, entendida como a qualidade reconhecida em cada ser humano de respeito e consideração por parte do Estado e da comunidade, asseguradas condições existenciais mínimas para uma vida saudável.[26]

Entende o autor, mais adiante em sua análise, que a ofensa a qualquer direito fundamental será uma ofensa que terá relação direta com a dignidade da pessoa humana e seus pressupostos,[27] construídos ao longo de décadas, quiçá séculos, e já devidamente previstos nas modernas Constituições, a exemplo dos países da União Europeia e do Mercosul.[28]

---

25 HÄBERLE, Peter. A dignidade humana como fundamento da comunidade estatal. In: SARLET, Ingo Wolfgang (Org.). **Dimensões da dignidade. Ensaios de filosofia do direito e direito constitucional**. Porto Alegre: Livraria do Advogado, 2005, p. 102. O autor menciona a necessidade de se dar interpretação extensiva ao conceito, uma dimensão comunitária da dignidade, assim como o Estado Social de direito o fez com a proteção do meio ambiente.

26 SARLET, Ingo Wolfgang. **Dignidade da pessoa humana e direitos fundamentais na Constituição Federal de 1988**. 5. ed. Porto Alegre: Livraria do Advogado, 2007, p. 62. A obra menciona, ao seu largo, uma análise da dignidade da pessoa humana e dos direitos fundamentais, dando conta de sua importância e a condição de fundamento do Estado Democrático de Direito. No rol de direitos mencionados pelo autor, é de se associar a proteção do meio ambiente.

27 SARLET, Ingo Wolfgang. **Dignidade da pessoa humana e direitos fundamentais na Constituição Federal de 1988**. 5. ed. Porto Alegre: Livraria do Advogado, 2007, p. 106.

28 SARLET, Ingo Wolfgang. **Dignidade da pessoa humana e direitos fundamentais na Constituição Federal de 1988**. 5. ed. Porto Alegre:

Em outra obra, Ingo Sarlet salienta que é impossível desconsiderar a necessária dimensão comunitária, social da dignidade da pessoa humana, com base no preceito da Declaração Universal de Direitos de 1948.[29]

Assim, também não se há negar a participação da proteção ambiental, de eminente cunho social, nesse rol de proteção.

A dignidade da pessoa humana, com as amplíssimas implicações jurídico-axiológicas que lhe dizem respeito, significa justiça, segurança, direito à habitação, à sadia qualidade de vida e ao meio ambiente ecologicamente equilibrado.[30]

Recentemente, o Tribunal Constitucional Federal Alemão atualizou a dimensão da dignidade da pessoa humana em sua jurisprudência, ampliando seu significado para diversas decisões.[31]

Essa interpretação extensiva permitiu que o direito de ser ouvido em juízo, o direito a garantia de proteção jurídica, a liberdade de crença e de consciência, a liberdade de informação, a liberdade artística, bem como uma série de outros direitos e garantias fossem considerados.[32]

Livraria do Advogado, 2007, p. 64. É de se destacar a previsão nas Constituições de países como Alemanha, Espanha, Grécia, Irlanda, Portugal, Itália, Bélgica, Brasil e Paraguai.

29 SARLET, Ingo Wolfgang. As dimensões da dignidade da pessoa humana: construindo uma compreensão jurídico-constitucional necessária e possível. In: SARLET, Ingo Wolfgang (Org.). **Dimensões da dignidade. Ensaios de filosofia do direito e direito constitucional**. Porto Alegre: Livraria do Advogado, 2005, p. 23.

30 BORGES, José Souto Maior. **Curso de direito comunitário**. São Paulo: Saraiva, 2005, p. 276.

31 HÄBERLE, Peter. A dignidade humana como fundamento da comunidade estatal. In: SARLET, Ingo Wolfgang (Org.). **Dimensões da dignidade. Ensaios de filosofia do direito e direito constitucional**. Porto Alegre: Livraria do Advogado, 2005, p. 97.

32 HÄBERLE, Peter. A dignidade humana como fundamento da comunidade estatal. In: SARLET, Ingo Wolfgang (Org.). **Dimensões da dignidade. Ensaios de filosofia do direito e direito constitucional**. Porto Alegre: Livraria do Advogado, 2005, p. 98.

Com toda essa amplitude, é chegado o momento de mudança nas relações de classes, com o incremento da educação, da ciência e da tecnologia, levando a uma melhoria da qualidade de vida, apesar das desigualdades presentes entre os diversos elementos sociais.[33]

E essa transformação passa, necessariamente, por uma nova forma de participação do Estado, regulando as questões da produção e do emprego (produtos e serviços) na sociedade industrial.

---

33 BECK, Ulrich. **La Sociedad del Riesgo: Hacia una Nueva Modernidad**. Barcelona: Paidós, 1998, p. 102.

PARTE II

Regulação econômica, mercado internacional e meio ambiente

CAPÍTULO 4
O Estado neoliberal e sua crise

4.1 Poder econômico versus intervenção estatal

Já se mencionou, por diversas vezes, que a dignidade da pessoa humana é o grande princípio que norteia o constitucionalismo e a sociedade contemporânea, desde o pós-guerra e, principalmente, depois da Constituição alemã de 1949.[1]

Assim, é de se buscar, tanto o Estado quanto a sociedade, o pleno respeito e atenção aos direitos a ele vinculados, que se apresentam de várias ordens e formas, tanto em aspectos sociais, trabalhistas, humanitários, quanto ambientais.[2]

Uma das maneiras para o Estado alcançar esse objetivo é através da intervenção na economia, por meio de normas que regulem o comércio, repressiva ou preventivamente.

Porém, nas últimas décadas, houve um recuo estatal e o mercado[3] começou a se mover de maneira mais autônoma, de forma que perdeu um pouco do controle de suas rédeas pelo Estado, ou, que passou a ter maior flexibilidade em suas estruturas. Ao tempo

---

1 DANTAS, Ivo. **Constituição e processo**. 2. ed. Curitiba: Juruá, 2007, p. 150.

2 DANTAS, Ivo. **Constituição e processo**. 2. ed. Curitiba: Juruá, 2007, p. 153. O autor menciona vários exemplos, dentre eles: vida, liberdade, segurança, propriedade, inviolabilidade e outros tantos, elencados num rol presente na Constituição Federal de 1988.

3 MAGALHÃES, Luiz Roberto Paranhos de. **Subsídios na disciplina da organização mundial do comércio – OMC. A necessidade de maior liberdade para ação governamental nos países em desenvolvimento**. Rio de Janeiro: Forense, 2007, p. 165.

em que se deu a elevação dos direitos fundamentais, e sua alocação em diversos textos constitucionais, também esse novo modelo de economia, neoliberal, despontou no horizonte do século XX.[4]

Um dos elementos definidores da crise do pós-*Welfare State* foi a própria crise dos mercados e a pseudofalência do Estado, sua bancarrota financeira,[5] como sazonalmente sói acontecer na economia planificada. Essa fragilização econômica que fez com que o Estado não mais fosse legitimado, e até mesmo capaz de intervir nas relações comerciais, foi um dos indicativos para que o mercado assumisse seu próprio rumo e ficasse sem um maior "controle".[6]

O novo modelo que se firmou, aparentemente, fundamentou-se na concorrência privada, na livre iniciativa e na sanção imposta pelos próprios mercados, sem a costumeira e abrangente regulação estatal de períodos bem próximos passados da economia mundial, a exemplo das décadas de 1920 e 1930.

Porém, sabe-se que o sucesso econômico dos Estados modernos é tentar obter o equilíbrio entre o governo e o mercado, diga-se de passagem, entre a iniciativa pública e privada, mediante sua regulação.[7]

Dessa forma, o governo deve estimular os setores particulares com incentivos, subsídios, subvenções, enfim, ofertas de variadas ordens, dotando regulamentações que não impeçam o crescimento nem atrapalhem o pleno desenvolvimento econômico.

---

4 Exatamente depois do pós-guerra, quando a garantia dos direitos humanos veio à tona, também os Estados deixaram a economia livre de maior regulação jurídica.

5 NÓBREGA, Marcos Antônio Rios. **Previdência dos servidores públicos**. Belo Horizonte: Del Rey, 2006, p. 24.

6 SABADELL, Ana Lucia. A tutela ambiental entre Estado e Mercado. Competitividade e bem-estar no Estado Social. In: SABADELL, Ana Lucia; DIMOULIS, Dimitri; MINHOTO, Laurindo Dias. **Direito social, regulação econômica e crise do estado**. Rio de Janeiro: Revan, 2006, p. 16.

7 STIGLITZ, Joseph E. **Globalização. Como dar certo**. São Paulo: Companhia das Letras, 2007, p. 47.

Ao revés. Devem ser adotadas medidas que atendam a ambas as partes, ao segmento público e privado, apontando para um mesmo caminho, o do desenvolvimento sustentável.

Exemplo disso foram as negociações comerciais, lideradas pelos países industrializados, sob os auspícios do GATT (*General Agreement on Tariffs and Trade*) que reduziram as tarifas sobre bens faturados e lançaram as bases do comércio moderno. Esse sistema teve como premissa a não discriminação de produtos e serviços, de origem ou de mercado.[8]

É de se lembrar que os países que integravam o GATT, após uma nova rodada de negociações comerciais, que se iniciou em *Punta del Leste*, no Uruguai, em 1986, e só terminou em *Marrakech*, no Marrocos, em abril de 1994, tiveram como resultado a criação da OMC – Organização Mundial do Comércio, que foi idealizada com o *animus* de regulamentar e auxiliar os mercados em desenvolvimento.[9]

A OMC, portanto, representou a expansão do comércio, em razão de seus inúmeros acordos concluídos durante a Rodada do Uruguai, sobre agricultura, matéria têxtil, serviços, propriedade intelectual e medidas de investimentos relacionadas ao comércio que originalmente não estavam no âmbito de preocupações do GATT.

Porém, como claramente se nota, os Estados Unidos e alguns países da Europa aperfeiçoaram a defesa do livre comércio como previsto pelo GATT, trabalhando em acordos para proteger as suas importações dos países em desenvolvimento.[10]

Com isso, ficou nítida a intervenção e a influência do poder econômico das empresas multinacionais em países e economias em desenvolvimento.

---

8 STIGLITZ, Joseph E. **Globalização. Como dar certo**. São Paulo: Companhia das Letras, 2007, p. 156.

9 AMARAL JUNIOR, Alberto do. **A solução de controvérsias na OMC**. São Paulo: Atlas, 2008, p. 51.

10 STIGLITZ, Joseph E. **Globalização. Como dar certo**. São Paulo: Companhia das Letras, 2007, p. 161.

Para que não sejam alvos de interesses comerciais estrangeiros e se tornem reféns do capital externo, a única solução para os Estados é contar com uma poderosa e complexa rede regulatória, a fim de equacionar, ou alinhar os interesses privados aos interesses públicos.[11]

Nessa tônica, acentua-se a relevada importância do papel desempenhado pelo mercado na nova ordem mundial, principalmente em consonância com o destaque das empresas transnacionais e o avanço dos organismos multilaterais de regulação, como o FMI (Fundo Monetário Internacional) e a OMC, já mencionada.

A principal função de uma economia com conotação ambiental, leia-se preservacionista, seria tentar valorar monetariamente as externalidades criadas pelas empresas e seus empreendimentos (produtos e serviços), buscando "internalizar as externalidades negativas", seguindo a lógica imposta pelo mercado.[12]

Porém, atualmente, tais implicações econômicas são arbitrárias e não consideram os reais efeitos para as futuras gerações.[13]

Essas "externalidades" representam os impactos ambientais cujos valores não são captados pelos preços do mercado, permanecendo externos a ele.[14]

Imputando aos custos de produção todas as externalidades ambientais produzidas, deverão ser aferidas objetivamente as

---

11 GALBRAITH, John Kenneth. **A era da incerteza**. 5. ed. São Paulo: Pioneira, 1983, p. 281.

12 Em sentido contrário, por "externalidades positivas", pode-se entender aquelas onde o Estado, por meio de vantagens econômicas, busca incrementar os ganhos daqueles que provocaram a internalização, permitindo a contabilização das vantagens econômicas delas auferidas. Cf. SCHOUERI, Luis Eduardo. Normas tributárias indutoras em matéria ambiental. In: TORRES, Heleno Taveira (Org.). **Direito tributário ambiental**. São Paulo: Malheiros, 2005, p. 237.

13 ALIER, Joan Martinez. **Da economia ecológica ao ecologismo popular**. Blumenau: FURB, 1998, p. 69.

14 ALIER, Joan Martinez. **Da economia ecológica ao ecologismo popular**. Blumenau: FURB, 1998, p. 166.

[54]

condições que não permitam que a atividade econômica seja mais vantajosa poluindo do que implementando medidas de prevenção.

Dessa forma, os agentes econômicos (ou seja, os Estados) decidem internalizar os custos dessa destruição ambiental de maneira voluntária, onde a proteção ambiental passa a ser produto do mercado e da livre concorrência empresarial.[15]

Portanto, a livre concorrência ainda precisa ser regulada pela legislação estatal, para que sejam evitados os abusos e as eventuais distorções do mercado, pois a base legal continua mantida como um dos mais importantes poderes pertencentes ao Estado.[16]

A globalização indica, basicamente, três características políticas e econômicas: a) unificação do mercado mundial, b) incapacidade dos Estados para limitar a atuação dos agentes econômicos e direcionar o processo econômico e c) predomínio dos detentores do capital financeiro.[17]

O novo papel do Estado, em fins do século passado, tem de fugir à microrracionalidade das empresas e se associar à macrorracionalidade da sociedade, na medida em que a globalização ameaça com exclusão social, marginalização, competição acirrada, destruição de alguns serviços públicos e desintegração social.[18]

Portanto, é de vital importância que o Estado não deixe de exercer suas precípuas funções, diminuindo as prestações de primeira

---

15 SABADELL, Ana Lucia. A tutela ambiental entre Estado e Mercado. Competitividade e bem-estar no Estado Social. In: SABADELL, Ana Lucia; DIMOULIS, Dimitri; MINHOTO, Laurindo Dias. **Direito social, regulação econômica e crise do estado**. Rio de Janeiro: Revan, 2006, p. 23.

16 FINDLEY, Robert W.; FARBER, Daniel A. **Environmental Law**. Minnesota: West Publishing Co., 1996, p. 59.

17 DIMOULIS, Dimitri. Fundamentação constitucional dos processos econômicos: reflexões sobre o papel econômico do direito. In: SABADELL, Ana Lucia; DIMOULIS, Dimitri; MINHOTO, Laurindo Dias. **Direito social, regulação econômica e crise do estado**. Rio de Janeiro: Revan, 2006, p. 106.

18 GRAU, Eros Roberto. **A ordem econômica na Constituição de 1988**. 10. ed. São Paulo: Malheiros, 2006, p. 51.

necessidade e desregulamentando a economia, deixando as camadas mais pobres, populares, pura e simplesmente à mercê do mercado.[19]

A regulação estatal é deveras necessária, pois numa economia unificada e planificada, a existência de diversas normas intervencionistas pode impedir o fluxo de mercado e de comércio de maneira desmedida e abusiva.[20]

Na verdade, está-se diante do que se convencionou chamar de ordoliberalismo,[21] que foi a concepção política onde se buscava evitar um despotismo, uma dominação, dos detentores do maior poder econômico, que hoje, em repetidos exemplos, foge das mãos de muitas nações.

A política econômica é a escolha de regras e procedimentos legais e estruturas administrativas com vistas à perseguição do bem-estar social, consistindo nas opções dadas pela lei. Essas opções resumem-se em: a) proteger a propriedade; b) definir regras para negociação e alienação desses direitos; c) definir as regras de acesso e saída dos mercados; e d) regular a estrutura industrial e a conduta das empresas.[22]

---

19 DIMOULIS, Dimitri. Fundamentação constitucional dos processos econômicos: reflexões sobre o papel econômico do direito. In: SABADELL, Ana Lucia; DIMOULIS, Dimitri; MINHOTO, Laurindo Dias. **Direito social, regulação econômica e crise do estado**. Rio de Janeiro: Revan, 2006, p. 109.

20 FINDLEY, Robert W.; FARBER, Daniel A. **Environmental Law**. Minnesota: West Publishing Co., 1996, p. 73.

21 DIMOULIS, Dimitri. Fundamentação constitucional dos processos econômicos: reflexões sobre o papel econômico do direito. In: SABADELL, Ana Lucia; DIMOULIS, Dimitri; MINHOTO, Laurindo Dias. **Direito social, regulação econômica e crise do estado**. Rio de Janeiro: Revan, 2006, p. 115. O termo foi criado na Alemanha, por economistas e juristas, no início do século passado, e pressupunha uma regulação prévia e geral das condições da atividade econômica. Essa linha de entendimento visava criar condições de desenvolvimento ordenado e equilibrado da atividade econômica, ou seja, evitava o controle dos conglomerados comerciais.

22 PINHEIRO, Armando Castelar; SADDI, Jairo. **Direito, economia e mercado**. Rio de Janeiro: Elsevier, 2005, p. 12.

Com base em Ronald Coase (*The firm, the market and the law,* *Chicago University Press, 1988*), vários estudos procuram desenvolver a política econômica e identificar seus objetivos como a melhor escolha para as pessoas integrantes de uma determinada sociedade, e que tragam resultados inerentes a todos. E isso se faz não somente através do mercado e de uma política de preços, mas principalmente através das leis e de sua aplicação.[23]

Portanto, o bom funcionamento de uma economia de mercado sempre vai depender de regras jurídicas estáveis e seguras, garantidoras da atenção dos direitos humanos e dos princípios insculpidos em torno deles.

Essa é a forma encontrada pela maioria dos doutrinadores, que tratam da regulação do mercado pelo Estado, para a fiel observância de um mercado global justo.[24]

Essa, portanto, deve ser a orientação das políticas de mercado, aliadas ao fator estatal, sob pena de sucessivas falências do próprio sistema capitalista que, de tempos em tempos, apresenta nítidos sinais de desgaste e saturação.

4.2 Orientação "mercadocêntrica"[25]

A orientação encontrada pelo mercado muitas vezes deve partir do Estado, enquanto fomentador das atividades que mais lhe interessam e atendam aos seus objetivos.

---

23 PINHEIRO, Armando Castelar; SADDI, Jairo. **Direito, economia e mercado**. Rio de Janeiro: Elsevier, 2005, p. 38.

24 Por todos, *vide* GRAU, Eros Roberto. **A ordem econômica na Constituição de 1988**. 10. ed. São Paulo: Malheiros, 2006, p. 57.

25 Por "mercadocêntrica", deve-se entender aquela orientação ditada pelo mercado, que foge aos ditames estatais de regulação e se firma sem fronteiras, em razão da planificação da economia, seguindo o termo empregado por Thomas Friedman. Para um aprofundamento, ver FRIEDMAN, Thomas. **O mundo é plano. Uma breve história do século XXI**. Rio de Janeiro: Objetiva, 2005.

Com base nisso, instrumentos regulatórios vêm sendo criados impondo restrições a certas atividades com espeque na proteção ambiental.[26]

Mas somente isso não é o bastante.

Alguns doutrinadores entendem que a produção de normas regulamentadoras, por si só, não seria suficiente para que o Estado tutelasse o meio ambiente e os produtos e serviços que dele se valessem, sensibilizando a opinião pública e punindo seus agressores. Seria necessário mais, em face da escassa e limitada função do direito, que é o de desencadear processos de mudança e de impor uma consciência ambiental.[27]

Em adição a essas políticas públicas de intervenção e de proteção do meio ambiente, a orientação do mercado vem se mostrando adepta aos dizeres da comunidade informal e de seus reclames, principalmente através dos *stakeholders* e de suas várias formas de apresentação e atuação, sejam internos ou externos da atividade empresarial desenvolvida.[28]

Dessa forma, valendo-se de informações do mercado e do público consumidor, podem-se desenvolver alternativas mais lucrativas, rentáveis e agregadoras para a imagem de empresas e marcas. Necessita-se saber quais os custos e benefícios, os motivos e

---

26 DAVIES, Peter G. G. **European Union Environmental Law: An Introduction to Key Selected Issues**. England: Ashgate Publishing, 2004, p. 23.

27 SABADELL, Ana Lucia. A tutela ambiental entre Estado e Mercado. Competitividade e bem-estar no Estado Social. In: SABADELL, Ana Lucia; DIMOULIS, Dimitri; MINHOTO, Laurindo Dias. **Direito social, regulação econômica e crise do estado**. Rio de Janeiro: Revan, 2006, p. 46.

28 *Stakeholders* (ou "detentores de interesses") são todos aqueles que podem ser afetados pelo desempenho de uma organização, como os empregados, fornecedores, clientes, investidores, comunidades, organizações não governamentais, órgãos públicos, imprensa, enfim, todos que de alguma maneira receberão algum impacto em face da atividade desenvolvida pela empresa. Cf. SAVITZ, Andrew W. **A empresa sustentável: O verdadeiro sucesso é o lucro com responsabilidade social e ambiental**. Rio de Janeiro: Elsevier, 2007, p. 65

implicações em se adotar uma determinada estratégia ambiental em detrimento de outra.[29]

Exemplo de sucesso na política ambiental mais adequada para o atual cenário econômico, valendo-se do retorno de informações do mercado, foi adotado pela empresa *Rio Tinto*,[30] gigante britânica da mineração, quando previu vantagens comerciais em ser vista como uma indústria líder em responsabilidade social.

O resultado da política trabalhada pela empresa chegou rápido, pois a *Tiffany & Co.*, outra gigante, do segmento de joias, escolheu a *Rio Tinto* para ser sua fornecedora de ouro, evitando correr o risco de ter manifestantes ambientalistas em frente às suas lojas, alegando vazamento de cianeto nas minas e morte de peixes de onde vinha o ouro de seus produtos.[31]

Ora, saber ouvir o mercado faz parte da estratégia comercial que o capitalismo impõe aos participantes da economia global. E esses participantes, quase na totalidade das vezes, são as grandes empresas multinacionais integrantes do sistema.

É desnecessário mencionar que as instituições que mais influenciaram o mundo num passado recente, exercendo influência cotidianamente em nossas vidas, foram as grandes e soberanas empresas multinacionais.[32]

---

29 **Business and the Environment: Policy Incentives and Corporate Responses**. OECD, 2007, p. 28. A OECD – *Organisation for Economic Co-operation and Development*, no referido manual trata dos seguintes fatores relevantes para se analisar o mercado em compasso com o meio ambiente: *a) Financial markets; b) Community/neighbourhood; c) Supply chain; d) Financial consumers; e) workers*. Isso representaria uma análise sistemática dos fatores de influência e das pressões do mercado.

30 A Rio Tinto é um conglomerado mundial que atua no setor da exploração de minério. Foi fundada em 1873 e tem sede em Londres (http://www.riotinto.com/).

31 DIAMOND, Jared. **Colapso – Como as sociedades escolhem o fracasso ou o sucesso**. São Paulo: Record, 2005, p. 557.

32 GALBRAITH, John Kenneth. **A era da incerteza**. 5. ed. São Paulo: Pioneira, 1983, p. 259.

Sua finalidade, como a de todas as empresas industriais, grandes, médias, pequenas, enfim, é ganhar dinheiro, auferir lucros, gerar renda. E isso acontece quando ela atende aos interesses do público consumidor e atinge os objetivos do consumo.[33]

É ponto pacífico também que a moderna empresa multinacional exerce poder no governo e através dele.

Alguns autores defendem que é ledo engano a assertiva de que a empresa global é refém do consumidor e que deve obediência às exigências da sociedade de consumo. Ela, na verdade, sempre dominou e impôs suas regras ao consumidor. Eram, como se chegou a chamar no passado, "oligopólios de preços".[34]

Não há como concordar com essa linha de raciocínio, pois a orientação do mercado é quase que controlada pelos Estados, dentro de sua função regulatória, e pela exigência dos consumidores finais, que são aqueles que estão na "ponta" de todo o processo produtivo.

Sustenta-se, inclusive, que a regulação das relações internacionais confunde-se com o próprio mercado, um mercado internacional, globalizado, desapegado da regulação do Estado e livre de ingerências outras que não as econômicas.[35]

Para a grande empresa moderna, nenhum lugar é longe demais, seja Hong Kong ou Cingapura, seja Nova York ou Bruxelas. E essa tendência de espraiar seus braços para países em desenvolvimento acaba por influenciar suas políticas internas, dada a força da economia que as acompanha.[36]

Porém, em razão de o mercado livre não promover um adequado sistema de distribuição de riquezas e incentivos, os governos

---

33 GALBRAITH, John Kenneth. **A era da incerteza**. 5. ed. São Paulo: Pioneira, 1983, p. 260.

34 GALBRAITH, John Kenneth. **A era da incerteza**. 5. ed. São Paulo: Pioneira, 1983, p. 261.

35 RIBEIRO, Wagner Costa. **A ordem ambiental internacional**. 2. ed. São Paulo: Contexto, 2005, p. 36.

36 GALBRAITH, John Kenneth. **A era da incerteza**. 5. ed. São Paulo: Pioneira, 1983, p. 2280.

têm de intervir e promover a adequação dos custos externos e facilitar a promoção do bem-estar social e coletivo.[37]

Destarte, para evitar que o mercado, sozinho, comande os rumos da economia, é importante definir o que resta ao Estado dentro do seu papel regulador, através de políticas públicas de incentivos (tributários ou não tributários) no sentido de induzir a atividade industrial e econômica no mundo globalizado, de integração regional e de laços internacionais.[38]

Como, em pleno século XXI, convencionou-se chamar "sociedade de risco" a atual, essa em que se tornou mais difícil apresentar soluções adequadas para o conflito entre o desenvolvimento tecnológico/industrial e a obrigação de estabelecer limites à própria capacidade de intervenção sobre o meio ambiente, onde o homem pretende ter poderes ilimitados sobre a natureza e sobre a exploração dos recursos naturais, parece de suma importância definir até onde o Estado pode, e deve ir, a fim de atender a todas as partes.[39]

Além disso, essa sociedade ("de risco") também trouxe para as grandes empresas as dificuldades de implementar inovações tecnológicas quando isso tiver como contrapontos a imprevisibilidade, a incerteza e o desconhecimento dos resultados de seu avanço.

Portanto, ainda resta claro que através das formas de regulação estatal, e da gestão dos recursos naturais, os sujeitos públicos podem

---

37 FINDLEY, Robert W.; FARBER, Daniel A. **Environmental Law**. Minnesota: West Publishing Co., 1996, p. 146.

38 CAVALCANTI, Francisco de Queiroz Bezerra. Considerações sobre incentivos fiscais e globalização. In: MARTINS, Ives Gandra da Silva; ELALI, André; PEIXOTO, Marcelo Magalhães. **Incentivos fiscais. Questões pontuais nas esferas federal, estadual e municipal**. São Paulo: MP, 2007, p. 175.

39 AYALA, Patryck de Araújo. A proteção jurídica das futuras gerações na sociedade de risco global: O direito ao futuro na ordem constitucional brasileira. In: FERREIRA, Heline Sivini; LEITE, José Rubens Morato (Orgs.). **Estado de direito ambiental: Tendências. Aspectos constitucionais e diagnósticos**. Rio de Janeiro: Forense Universitária, 2004, p. 231.

desenvolver condutas ambientais tendentes a não transformar o risco em dano, até mesmo afastá-lo.[40]

Daí por que a submissão de certas atividades à aprovação prévia do Estado ser presença constante na legislação que trata do meio ambiente.

Algumas dessas atividades porque a) utilizam diretamente recursos naturais, outras, b) porque alteram suas características e, outras ainda, c) por oferecer risco potencial para o equilíbrio ambiental, imprescindível à qualidade de vida do homem.[41]

É mister, portanto, procurar o ponto de equilíbrio entre o livre comércio e a proteção da atividade empresarial, e do meio ambiente, sobretudo naquelas regiões menos favorecidas do planeta, pela inexistência de índices mínimos de qualidade de vida e desenvolvimento social, como os países considerados economias emergentes.[42]

E essa forma de orientar condutas, mormente os passos da economia e do mercado, ainda é uma função tipicamente estatal.

4.3 O Estado como indutor de condutas

Foram inúmeros os motivos que levaram o Estado liberal a se transformar em Estado intervencionista, regulador. Dentre eles,

---

40 CUNHA, Paulo. A globalização, a sociedade de risco, a dimensão preventiva do direito e o ambiente. In: FERREIRA, Heline Sivini; LEITE, José Rubens Morato (Orgs.). **Estado de direito ambiental: Tendências. Aspectos constitucionais e diagnósticos**. Rio de Janeiro: Forense Universitária, 2004, p. 118.

41 AYALA, Patryck de Araújo. A proteção jurídica das futuras gerações na sociedade de risco global: O direito ao futuro na ordem constitucional brasileira. In: FERREIRA, Heline Sivini; LEITE, José Rubens Morato (Orgs.). **Estado de direito ambiental: Tendências. Aspectos constitucionais e diagnósticos**. Rio de Janeiro: Forense Universitária, 2004, p. 230.

42 CAVALCANTI, Francisco de Queiroz Bezerra. Considerações sobre incentivos fiscais e globalização. In: MARTINS, Ives Gandra da Silva; ELALI, André; PEIXOTO, Marcelo Magalhães. **Incentivos fiscais. Questões pontuais nas esferas federal, estadual e municipal**. São Paulo: MP, 2007, p. 192.

estão a liberdade generalizada dos mercados, a planificação da economia, a força de trabalho vendida como mercadoria, a necessidade de o Estado atuar organizando as forças produtivas e a ocorrência de inúmeras crises, em razão da ausência da regulação estatal em determinados momento históricos.[43]

Essa intervenção ocorreu para mitigar conflitos entre a iniciativa privada e o Estado liberal, atenuando as características de mercado, supostamente de desmedida liberdade e ausência de regulação.[44]

Há pouco tempo, a prática de incrementar produções industriais mais limpas e de prevenir a poluição em larga escala ganhou reforço na União Europeia e nos Estados Unidos. Inúmeros foram os incentivos criados a fim de priorizar os interesses do meio ambiente mais saudável por meio de políticas públicas ambientais.[45]

Na década de 1970, nos Estados Unidos, surgiu a figura dos "investimentos socialmente responsáveis". Eles consistiam na introdução de critérios não financeiros (sociais, ambientais etc.) na seleção de títulos na sociedade de cotas no mercado financeiro.[46]

Isso ocorreu primeiramente nos Estados Unidos, através de providências contra a poluição, a exemplo do *Pollution Prevention Act*, em 1990, e depois, por meio de medidas similares, se espraiou para países da Europa.[47]

---

43 SCAFF, Fernando Facury. **Responsabilidade civil do Estado intervencionista**. 2. ed. Rio de Janeiro: Renovar, 2001, p. 83.

44 Idem, p. 91.

45 **Business and the Environment: Policy Incentives and Corporate Responses**. OECD, 2007, p. 56.

46 SCHNEIDER-MAUNOURY, Grégory. Le Développement de l'Investissement Socialement Responsable et ses Enjeux. In: NAJIM, Annie; HOFMANN, Elisabeth; MARIUS-GNANOU, Kamala. **Les Entreprises Face aux Enjeux du Développement Durable**. Paris: Karthala, 2003, p. 253.

47 **Business and the Environment: Policy Incentives and Corporate Responses**. OECD, 2007, p. 56-57.

O que realmente chama a atenção é que os produtos de determinadas empresas tiveram que começar a se adaptar às preferências socioculturais da população.[48]

Paralelamente a isso, na Inglaterra, a noção de responsabilidade social das empresas (*Corporate Social Responsability*) ganhou fôlego e emergiu, trazendo consigo a maneira de a empresa responder pelos impactos de suas atividades perante a sociedade e diante do meio ambiente.[49]

De certa forma, isso ocorreu pelas diversas maneiras com as quais o Estado passou a intervir na economia.

Eros Roberto Grau, ao tratar do assunto, distingue três modalidades de intervenção: a) por *absorção* ou *participação*, b) por *direção*, ou c) por *indução*.[50]

Quando o Estado o faz por participação, intervêm *no* domínio econômico, ou seja, no campo da atividade, desenvolvendo ação. Dessa forma, atua como agente econômico, no âmbito da iniciativa privada.

Nos casos de *direção e indução*, o Estado atua *sobre* o domínio econômico, regulando a atividade, mas dela não participando. Nesses casos, aparecem as figuras da regulação das atividades e dos instrumentos de intervenção econômica, como as políticas de incentivos fiscais.[51]

---

48 ESTY, Daniel C.; WINSTON, Andrew S. **Green to Gold. How Smart Companies Use Environmental Strategy to Innovate, Create Value, and Build Competitive Advantage**. Revised and updated Edition by John Wiley & Sons, Inc. Hoboken, New Jersey, 2009, p. 16.

49 SCHNEIDER-MAUNOURY, Grégory. Le Développement de l'Investissement Socialement Responsable et ses Enjeux. In: NAJIM, Annie; HOFMANN, Elisabeth; MARIUS-GNANOU, Kamala. **Les Entreprises Face aux Enjeux du Développement Durable**. Paris: Karthala, 2003, p. 257.

50 GRAU, Eros Roberto. **A Ordem Econômica na Constituição de 1988**. 10. ed. São Paulo: Malheiros, 2006, p. 148.

51 GRAU, Eros Roberto. **A Ordem Econômica na Constituição de 1988**. 10. ed. São Paulo: Malheiros, 2006, p. 149.

O exemplo típico da intervenção por *direção* é o tabelamento de preços, havendo uma sanção pelo seu descumprimento. Já a intervenção por *indução* ocorre quando o Estado não impõe condutas, mas as privilegia, em detrimento de outras, orientando os agentes econômicos no sentido de adotar as mais vantajosas.[52]

Há, portanto, em face do Estado intervencionista, uma necessidade de se manter o dirigismo estatal, principalmente aquele instalado após a Constituição de 1988, em razão da (falsa) premissa de que a liberalização comercial, apresentada como a convergência dos interesses de todos, ricos e pobres, desenvolvidos e em desenvolvimento, representa o melhor para a economia global.[53]

Isso porque, e já se disse repetidas vezes, no século passado não foram raros os casos de catástrofes antrópicas, provocadas pelo homem, como as guerras mundiais, os campos de concentração (Auschwitz), a construção e uso da matéria atômica (Nagasaki) e os acidentes nucleares (Chernobyl) e industriais (Exxon-Valdez). A ausência do Estado, depois (e diante) de tudo isso, implicaria enorme caos, pois todos esses exemplos de riscos mostraram não respeitar fronteiras, podendo atingir a todos, indistintamente.[54]

Chegou-se a um novo paradigma social, onde os riscos passaram a ser universais e com repercussão nos aspectos sociais, políticos, econômicos e culturais da sociedade moderna.

---

52 SCAFF, Fernando Facury. **Responsabilidade civil do Estado intervencionista**. 2. ed. Rio de Janeiro: Renovar, 2001, p. 107. A diferença entre as normas de *indução* e *direção* é muito sutil. Para distingui-las, deve-se atentar para a sanção. Se a norma veda um comportamento, impondo sanção, é *diretiva*; se o privilegia, ou desestimula sua adoção, é norma *indutiva*.

53 CAVALCANTI, Francisco de Queiroz Bezerra. Considerações sobre incentivos fiscais e globalização. In: MARTINS, Ives Gandra da Silva; ELALI, André; PEIXOTO, Marcelo Magalhães. **Incentivos fiscais. Questões pontuais nas esferas federal, estadual e municipal**. São Paulo: MP, 2007, p. 187.

54 BECK, Ulrich. **La sociedad del riesgo: hacia una nueva modernidad**. Barcelona: Paidós, 1998, p. 11.

Para ilustrar casos recentes, basta mencionar o vazamento de óleo da *British Petroleum* (BP), no Golfo do México, em 2010[55] e o acidente da mineradora Samarco, em Minas Gerais, em 2015.[56]

A capacidade de definir o que poderá acontecer no futuro e de escolher entre diferentes alternativas está no cerne das sociedades contemporâneas. A gestão dos riscos guia o homem ao longo de um vasto leque de tomada de decisões.[57]

Porém, muitas vezes esses riscos são de difícil percepção humana, fazendo com que a exteriorização de seus efeitos prejudiciais só seja sentida em gerações futuras, demonstrando a imprevisibilidade de seus efeitos nocivos.[58]

Eis, mais uma vez, a necessidade do Estado intervencionista.

Luís Eduardo Schoueri analisa os fatores tributários da intervenção do Estado na economia e sobre a economia, valendo-se da acepção apresentada por Eros Roberto Grau, para evitar e corrigir distorções do liberalismo.[59]

---

55 VALOR ECONOMICO. **BP e EUA fecham acordo de US$ 20,8 bi para arquivar caso de vazamento**. São Paulo, 5-10-2015. O governo norte-americano finalizou um acordo de US$ 20,8 bilhões com a petrolífera *British Petroleum* (BP) para arquivar todos os processos contra a empresa em razão do vazamento da plataforma *Deepwater Horizon*, no Golfo do México, em 2010.

56 VALOR ECONÔMICO. **MPF exige R$ 155 bi por danos da Samarco**. São Paulo, 4-5-2016. O Ministério Público Federal (MPF) ingressou com uma ação civil pública exigindo da mineradora Samarco (*joint venture* entre VALE e BHP Billiton) R$ 155 bilhões para recompor os danos ambientais causados pelo rompimento de uma de suas barragens, em novembro do ano passado, no Estado de Minas Gerais. O rompimento da barragem contaminou o rio Doce e chegou até o mar na costa capixaba, e já é considerado o maior acidente ambiental da história do país.

57 BERNSTEIN, Paul. **Against the Gods: The Remarkable Story of Risks**. West Sussex: John Wiley & Sons Inc., 1996, p. 2.

58 BECK, Ulrich. **La Sociedad del Riesgo: Hacia una Nueva Modernidad**. Barcelona: Paidós, 1998, p. 34.

59 SCHOUERI, Luís Eduardo. **Normas tributárias indutoras e intervenção econômica**. Rio de Janeiro: Forense, 2005, p. 34.

O autor também se vale da conceituação das normas de intervenção por *indução* e por *direção*. A primeira, de conotação cogente; a segunda, com viés estimulante ou desestimulante.[60]

Assim, o Estado deve se valer dessas normas interventivas para aplicar no mercado a sua vontade, dirigindo ou conduzindo a economia, a fim de evitar as crises e distorções de tempos passados.

Crises e distorções que, diga-se de passagem, são sazonais e ocorrem em todas as épocas, dependendo do tipo de abalo, econômico, social, industrial, enfim, sejam eles de que ordem for, e que o mundo está sujeito por força de seu momento histórico, sua identidade e seus interesses.[61]

Os estímulos dados pelo Estado proporcionam vantagens adicionais àqueles que se comportam de determinada maneira, diversa do movimento natural do mercado. Já os desestímulos incidem, imputando custos adicionais, sobre aqueles cujo movimento é contrário ao livre curso do mercado.[62]

Portanto, não é o modelo livre, liberal, que deve imperar na atual sociedade desenvolvida, mas sim aquele onde o Estado atua em consonância com o mercado e a economia, e não contra ele, buscando conferir subsídios para o atendimento do seu desiderato coletivo.[63]

Assim, com viés intervencionista, é que as normas de proteção ao meio ambiente ganham especial destaque nas legislações recentes dos países em desenvolvimento, a exemplo do Brasil.

A proteção do meio ambiente, conforme elenco no rol dos princípios da Ordem Econômica, deve ter estreita relação com o princípio da dignidade da pessoa humana e da justiça social,

---

60 SCHOUERI, Luís Eduardo. **Normas tributárias indutoras e intervenção econômica.** Rio de Janeiro: Forense, 2005, p. 43.

61 BONAVIDES, Paulo. **Do estado liberal ao estado social.** 7. ed. São Paulo: Malheiros, 2004, p. 34.

62 Schoueri, Luís Eduardo. **Normas tributárias indutoras e intervenção econômica.** Rio de Janeiro: Forense, 2005, p. 54.

63 SCHOUERI, Luís Eduardo. **Normas tributárias indutoras e intervenção econômica.** Rio de Janeiro: Forense, 2005, p. 72.

cabendo a todos (Poder Público, iniciativa privada e coletividade) o dever de preservá-lo e protegê-lo, para as presentes e futuras gerações (art. 225, CF/88).[64]

Portanto, a proteção do meio ambiente mostra-se campo fértil para a adoção de normas de intervenção, diretivas ou indutoras, por parte do Estado, para que o mercado não caminhe sem rumo, ou em desapego aos interesses mais comezinhos do ser humano, neste início de século XXI.[65]

Essa proteção, vinda dos sistemas legislativos internos, de cada país preocupado com o respeito ao meio ambiente, e atento aos ditames da ordem econômica global, de escassez e controle dos recursos naturais, é quem dará a tônica, o mote para a regulação nos próximos anos, sob pena de falência da própria tentativa de equilibrar o desenvolvimento à sustentabilidade ambiental.

Assim, a expansão econômica deixa de ser um fim em si mesmo para se tornar uma condição de redução de disparidades e aproximação de garantia dos direitos fundamentais, com a devida observância por todas as partes interessadas, sejam os Estados ou as empresas envolvidas no processo de interação comercial.[66]

---

64 GRAU, Eros Roberto. **A ordem econômica na Constituição de 1988**. 10. ed. São Paulo: Malheiros, 2006, p. 251.

65 SCHOUERI, Luís Eduardo. **Normas tributárias indutoras e intervenção econômica**. Rio de Janeiro: Forense, 2005, p. 97.

66 WILDE, Mark. **Civil Liability for Environmental Damage. A Comparative Analysis of Law and Policy in Europe and the United States**. Hague: Kluwer Law international, 2002, p. 164.

CAPÍTULO 5
Globalização ambiental: os riscos da expansão

5.1 Aspectos econômicos e ambientais da circulação de capitais

Diferentemente do que muitos pensam, as grandes empresas multinacionais não representam o que há de errado na globalização ou são os responsáveis pelos seus maiores problemas.[1]

Essa ligação pode ocorrer, coincidentemente, dependendo dos exemplos ou momentos que se elejam para aferição.

É evidente que as grandes empresas têm sua parcela de culpa na sociedade de risco e nos danos ambientais dela decorrentes, mas elas também representam avanços, conquistas, enfim, alguns valores para o mundo globalizado, de rápida transferência de informações e estonteante movimento de capitais.

As multinacionais que dominam o mercado mundial, a exemplo da *General Motors*, que em 2004 faturou US$ 191,4 bilhões, e do *Wal Mart*, que em 2005 faturou US$ 285,2 bilhões, representam mais que o PIB de 150 países, e assim mostram quão politicamente poderosas podem ser e dão a dimensão, pela ótica econômica, é verdade, de quanto podem influenciar as decisões políticas de países menos desenvolvidos e dependentes de recursos e aportes externos.[2]

Porém, ainda que nessa esteira do faturamento, sempre buscando enxugar os custos e ampliar os lucros, essas corporações, de

---

1 STIGLITZ, Joseph E. **Globalização. Como dar certo.** São Paulo: Companhia das Letras, 2007, 2007, p. 303.

2 STIGLITZ, Joseph E. **Globalização. Como dar certo.** São Paulo: Companhia das Letras, 2007, p. 303.

uma maneira ou de outra, também acabam levando o desenvolvimento aos países periféricos, elevando o padrão de vida e tornando acessíveis produtos de primeiro mundo.

A política econômica adotada tanto por países quanto por empresas relaciona-se com a organização e com a própria orientação do processo econômico. Daí exsurge a extrema necessidade de se compreender o processo econômico como ponto de partida para o estudo da condução das atividades ligadas ao meio ambiente.[3]

Essa logística de levar os produtos para as regiões mais áridas e inóspitas de consumo do planeta serve como uma importante forma de integrar a sociedade globalizada.

E não se há dizer que isso não representa crescimento econômico, emprego e renda para os países em desenvolvimento.[4]

É claro que a globalização e o processo de integração econômica e formação de mercados de consumo, ao tempo em que estreita as fronteiras comerciais entre os países, também implica a adoção de técnicas mais limpas e saudáveis para os países menos desenvolvidos.

Porém, se a regulação estatal for fraca ou inexistente, haverá distorções no mercado e todo o sistema econômico será afetado. Nesse sentido, os países com menores condições de lidar com diferenças ambientais, financeiras e sociais, serão os primeiros a entrar em colapso.

O mercado, como aqui é tratado, representa a expressão de como são realizadas as transações econômicas e comerciais num universo definido entre produtores e consumidores, ou seja, entre a oferta e a procura, que figuram em espaços opostos, porém convergentes, no cenário do mundo globalizado.[5]

---

3 DERANI, Cristiane. **Direito ambiental econômico**. 3. ed. São Paulo: Saraiva, 2008, p. 38.

4 STIGLITZ, Joseph E. **Globalização. Como dar certo**. São Paulo: Companhia das Letras, 2007, p. 304.

5 NESTER, Alexandre Wagner. **Regulação e concorrência (compartilhamento de infraestruturas e redes)**. São Paulo: Dialética, 2006, p. 23.

Ulrich Beck chega a dizer que os riscos de crises estão diametralmente opostos à riqueza e divididos em classes sociais. Afirma ainda que as riquezas se acumulam acima de uma pirâmide, enquanto os riscos estão abaixo, não se repartindo de forma igual, pois onde se acumulam as riquezas as pessoas têm mais condições de adquirir meios de segurança, ocorrendo o contrário no lado inverso.[6]

Na "sociedade de risco", linha de base desse estudo, há uma premente necessidade de se conhecerem os riscos ambientais.

Isso se deve ao fato de a ciência ter se mostrado falível e ter perdido o monopólio de reivindicação do conhecimento e da verdade, ao falhar nos julgamentos, e ao afirmar que determinada atividade não causaria dano, em razão de não possuir meios e condições de minimizá-los, depois de ocorridos.

Há, portanto, a necessidade de conhecimento dos perigos produzidos pela sociedade de risco, tendo a ciência nesse processo um relevante papel, na medida em que se revela como instrumento de conscientização e reconhecimento social dos riscos. Há a necessidade de investimentos constantes nessa área.

No que diz respeito às perspectivas científicas, presentes na sociedade de risco, há sempre os limites de tolerância, estabelecidos pela ciência, que encaram o tratamento dos riscos e dos seus efeitos nocivos com absoluta normalidade.[7]

A certeza de que as novas tecnologias utilizadas para a superação dos problemas causados pelos modelos atuais de desenvolvimento foi abalada, conduzindo a necessidade de uma resposta política mais eficaz frente às inseguranças e demandas sociais.

Nesse sentido, os impactos ambientais começaram a ser sentidos, e se avolumou uma crise científica, pois a crença demasiada nos êxitos da ciência que existia no início do século XX passa a ser questionada em razão do não cumprimento de muitas promessas.[8]

---

6 BECK, Ulrich. **La sociedad del riesgo: hacia una nueva modernidad**. Barcelona: Paidós, 1998, p. 41.

7 BECK, Ulrich. **La sociedad del riesgo: hacia una nueva modernidad**. Barcelona: Paidós, 1998, p. 72.

8 BECK, Ulrich. **La sociedad del riesgo: hacia una nueva modernidad**. Barcelona: Paidós, 1998, p. 204.

O Direito, como principal instrumento vocacionado para a organização da vida em sociedade, não poderia manter uma atitude de indiferença perante os problemas do meio ambiente e de sua proteção efetiva, sendo no domínio dos mecanismos de prevenção e de caráter antecipatório que se encontram as soluções mais ajustadas à tutela dos bens ambientais e dos recursos naturais.[9]

A adoção e a aplicação de determinados princípios ambientais, como o da prevenção e o da precaução, assumiram conotação mais do que necessária, servindo para identificar e mensurar os riscos, evitando que se convertessem em dano.[10]

Essa orientação serviu, na virada do século, tanto para as legislações internas dos países, quanto para os blocos econômicos formados depois do pós-guerra, que alargaram sua expressão territorial e econômica de Estado-nação para Estado-região.[11]

A bem da verdade, o certo é que muitos países somente apresentaram resultados econômicos satisfatórios, e, em muitos casos, consequentemente, inovações no tratamento do meio ambiente, quando ingressaram em mercados comuns, unificando regras e procedimentos de produção industrial e da prestação de serviços.[12]

---

9 CUNHA, Paulo. A Globalização, a Sociedade de Risco, a Dimensão Preventiva do Direito e o Ambiente. In: FERREIRA, Heline Sivini; LEITE, José Rubens Morato (Orgs.). **Estado de direito ambiental: Tendências. Aspectos constitucionais e diagnósticos.** Rio de Janeiro: Forense Universitária, 2004, p. 112.

10 CUNHA, Paulo. A Globalização, a Sociedade de Risco, a Dimensão Preventiva do Direito e o Ambiente. In: FERREIRA, Heline Sivini; LEITE, José Rubens Morato (Orgs.). **Estado de direito ambiental: Tendências. Aspectos constitucionais e diagnósticos.** Rio de Janeiro: Forense Universitária, 2004, p. 116.

11 NOGUEIRA, Alberto. **Globalização, regionalizações e tributação. A nova matriz mundial.** Rio de Janeiro: Renovar, 2000, p. 125.

12 MARTINS, Ives Gandra da Silva. **Uma teoria do tributo.** São Paulo: Quartier Latin, 2005, p. 189.

Isso se deu principalmente com a União Europeia e o Mercosul.[13]

A formação desses mercados comuns, ditos comunitários, visa a facilitação da circulação de mercadorias entre os países, removendo barreiras comerciais entre seus membros, com políticas integrativas em todos os campos da atividade econômica, jurídica e social.[14]

Na realidade, o mercado livre, desejável, com efetiva liberdade de escolha, é aquele onde predomine a concorrência como valor institucional a ser protegido. Essa é a verdadeira função do Estado, ao ensejo de regular as condutas, garantindo aos consumidores o direito de escolha.[15]

O regime de mercado livre, liberal, permite a existência e a ocorrência de falhas, gerando um sistema desequilibrado, desigual, onde essas deficiências são decorrentes de qualquer "mercado real" na complexa sociedade moderna.[16]

E essas falhas de mercado podem implicar a ocorrência de danos ambientais, dependendo do alcance dos produtos que não estejam em sintonia com a preservação. Nessa esteira, é um imperativo global ponderar sobre os eventuais riscos e como evitá-los.

Uma das formas de intervenção na economia, para corrigir falhas de mercado e resolver vários problemas é através da

---

13 A União Europeia – UE é decorrente da fusão de três instituições comunitárias (Comunidade Econômica do Carvão e do Aço – CECA, Comunidade Econômica Europeia – CEE e Comunidade Europeia da Energia Atômica – Euratom). Já o Mercosul nasceu do Tratado de Assunção, que tinha como escopo criar um mercado comum entre Argentina, Brasil, Paraguai e Uruguai. Cf. NOGUEIRA, Alberto. **Globalização, regionalizações e tributação. A nova matriz mundial**. Rio de Janeiro: Renovar, 2000, p. 133.

14 NOGUEIRA, Alberto. **Globalização, regionalizações e tributação. A nova matriz mundial**. Rio de Janeiro: Renovar, 2000, p. 178.

15 NESTER, Alexandre Wagner. **Regulação e concorrência (compartilhamento de infraestruturas e redes)**. São Paulo: Dialética, 2006, p. 25.

16 NESTER, Alexandre Wagner. **Regulação e concorrência (compartilhamento de infraestruturas e redes)**. São Paulo: Dialética, 2006, p. 27.

regulação administrativa (estatal), evitando, por exemplo, o monopólio do poder, compensando as inadequações de informações e resolvendo problemas coletivos, além de "corrigir" as externalidades da produção e comercialização de produtos.[17]

Portanto, com vistas a participação em mercados comunitários e blocos econômicos, que passam a exigir determinados requisitos – barreiras comerciais – os países têm que se precaver com a comercialização de alguns produtos, a exemplo da madeira no Brasil, cuja extração em larga escala, segundo o próprio Ministério do Meio Ambiente, responde por parcela significativa do PIB brasileiro.[18]

O comércio exterior mundial cresceu vertiginosamente nas últimas décadas, e esse comércio entre blocos econômicos é uma tendência moderna, e vem aumentando progressivamente, como já se disse, pois há uma flexibilidade cada vez maior entre os países, o aumento populacional, o barateamento dos transportes, a facilidade na transmissão de informações e outras inúmeras facilidades de negociação.[19]

Portanto, sendo irreversível a circulação de capitais, produtos e serviços, é uma necessidade de a nova sociedade globalizada mitigar, senão evitar, os riscos ambientais, sob pena de o livre comércio e a liberalização das barreiras comerciais funcionarem não como elemento agregador, mas sim como fator de empeço à proteção ambiental, em contraponto a liberdade comercial que se atingiu no início deste século XXI.

---

17 BREYER, Chloe, Neel, and Michael; STEWART, William H. and Paul; SUNSTEIN, Cass R.; SPITZER, Matthew L. **Administrative Law and Regulatory Policy: Problems, Text, and Cases**. Fifth ed. New York: Aspen Law & Business, 2002, p. 5.

18 ZANETTI, Eder. **Meio ambiente. Setor florestal**. 2. ed. Curitiba: Juruá, 2008, p. 12.

19 RUIZ, Fernando. **Exportações brasileiras: fatores explicativos da participação das micro e pequenas empresas**. São Paulo: SENAC, 2007, p. 18.

5.2 Direito comunitário e liberalização comercial: o emprego de barreiras ao livre comércio

No comércio internacional há sempre uma tendência de que a liberalização, os investimentos e as finanças, desapegados da regulação estatal, levem a um ganho de toda ordem, leia-se, um bem-estar coletivo, para todos que participem desse processo.

Ocorre, porém, que nem toda liberalização no regime global de comércio conduz a impactos positivos.[20]

Isso porque há muitas falhas de mercado que merecem, até mesmo precisam, da intervenção do Estado para adequar livre comércio a desenvolvimento sustentável. Digna de menção é a falha do mercado em aceitar os produtos em desacordo com a ordem mundial de proteção do meio ambiente e das exigências da sociedade de risco.

Essa é a razão da existência de vários movimentos do Estado para atenuar as distorções apresentadas pelo mercado, ou seja, servem para corrigir as falhas do mercado e buscar produtos que tenham como resultado a intervenção na sociedade e na economia que importe num ganho social ou ambiental.[21]

O comércio livre, desimpedido de freios e barreiras, pode conduzir a enormes casos de degradação ambiental, perda de recursos, fuga de investimentos, enfim, movimentos de toda ordem que serão sentidos por toda coletividade.

As benesses e as armadilhas do comércio internacional devem ser analisadas com cuidado, pois o mercado não é bom nem mau, mas é individualista, tem preocupação com o lucro, com a iniciativa privada e de quem dela se valha para auferir ganhos.

A administração da proteção do meio ambiente em seu território não isenta o Estado dos cuidados com seus vizinhos, em face

---

20 OLIVEIRA, Silvia Menicucci de. **Barreiras não tarifárias no comércio internacional e direito ao desenvolvimento**. Rio de Janeiro: Renovar, 2005, p. 21.

21 PINHEIRO, Armando Castelar; SADDI, Jairo. **Direito, economia e mercado**. Rio de Janeiro: Elsevier, 2005, p. 259.

da interdependência dos mercados, mormente os de ordem comunitária.[22]

Portanto, o dano ambiental oriundo de negligência política de determinado participante de uma comunidade de Estados deve ser por ele suportado.

Isso porque, após a emergência da industrialização e da produção em escala mundial, os impactos ambientais que foram gerados representam efeitos de interferência planetária, não respeitando fronteiras.[23]

Dessa forma, sempre cabe a comunidade de nações, integrantes de um mercado comum, estabelecer e traçar um planejamento conjunto, a fim de evitar danos decorrentes de atividades potencialmente poluidoras. Esse planejamento deve buscar o desenvolvimento sustentável, ou sustentado, primando pela adoção de políticas "limpas" de desenvolvimento industrial.[24]

Nessa esteira de pensamento, de planejar o comércio mundial com vistas a criar barreiras ambientais, muitos movimentos se destacam.

Para citar um exemplo, basta mencionar a imposição de restrições às exportações da Europa pelos Estados Unidos de atum e golfinho nas décadas de 1960 e 1970, independentemente de barreiras tarifárias.[25]

Em estudo realizado em 1985, pela CNUCED – Conferência das Nações Unidas sobre Comércio e Desenvolvimento, apontou-se que as barreiras não tarifárias haviam se tornado mais importantes que as tarifárias, em face da extensão com que podem corrigir e

---

22 REZEK, Francisco. **Direito internacional público**. 10. ed. São Paulo: Saraiva, 2006, p. 243.

23 ROCHA, Julio César de Sá da. Globalização e tutela do meio ambiente. In: LEÃO, Adroaldo; PAMPLONA FILHO, Rodolfo (Coords.). **Globalização e direito**. Rio de Janeiro: Forense, 2002, p. 139.

24 REZEK, Francisco. **Direito internacional público**. 10. ed. São Paulo: Saraiva, 2006, p. 245.

25 VOGEL, David. **Barriers or Benefits? Regulation in Transatlantic Trade**. Washington: Brookings Institution Press, 1997, p. 42.

conduzir o mercado e o comércio internacional. Isso se deu diante da necessidade premente de se defender outros interesses que não puramente econômicos, como segurança, saúde humana e, principalmente, meio ambiente.[26]

De fato, a redução de tarifas não elimina ou reduz o protecionismo. Apenas força o mercado a encontrar novos caminhos. Dessa forma, na medida em que as tarifas caem, os países encontram barreiras não tarifárias para impedir a entrada de determinados produtos.[27]

Em alguns casos, passou-se a exigir garantias financeiras para o acaso de bancarrota no empreendimento e a existência de passivos ambientais, deixados pelo empreendimento.

Muitos estados americanos e o próprio governo federal dos Estados Unidos passaram a exigir essas garantias de empresas mineradoras depois de descoberta de que inúmeros casos de recuperação da poluição causada seriam impossíveis, pela insuficiência financeira da garantia firmada pelo empreendedor.[28]

Como se disse, à medida que as barreiras tributárias começam a deixar de ser empecilho a circulação de mercadorias, novas formas de impedimentos se avizinham.

A queda dessas barreiras comerciais e a aproximação dos mercados se deve à globalização, em face da criação de grandes blocos econômicos e da facilitação de circulação de mercadorias e capitais

---

26 OLIVEIRA, Silvia Menicucci de. **Barreiras não tarifárias no comércio internacional e direito ao desenvolvimento**. Rio de Janeiro: Renovar, 2005, p. 220.

27 STIGLITZ, Joseph E. **Globalização. Como dar certo**. São Paulo: Companhia das Letras, 2007, p. 176.

28 DIAMOND, Jared. **Colapso – Como as sociedades escolhem o fracasso ou o sucesso**. São Paulo: Record, 2005, p. 545. Caso bastante elucidativo ocorreu no estado americano do Colorado, onde uma mineradora canadense, a *Galactic Resources* tinha uma apólice de garantia de 4,5 milhões de dólares e o valor necessário para a limpeza da área chegaria aos 180 milhões de dólares.

entre os países, ampliando o horizonte dos mercados para um nível global.[29]

O esforço regulatório do Estado está cada vez mais voltado para tentar criar condições de um mercado mais competitivo, com a presença da ampla concorrência. Somente assim serão atingidos os objetivos de justiça social, equânime distribuição econômica e respeito aos direitos e garantias fundamentais.[30]

Exemplo disso são as barreiras sanitárias que são impostas ao argumento de proteger a vida humana e animal dos países desenvolvidos. A grande dificuldade é saber se, de fato, são legítimos os impedimentos ou representam uma barreira disfarçada de comércio.[31]

Isso prova, ainda que de forma embrionária, que a regulação e a estipulação de padrões, num futuro não muito distante, conduzirão por completo a entrada/saída de produtos ambientais nos países integrantes de uma comunidade econômica.

Resta claro, portanto, a importância da regulação estatal, ainda que feita em blocos econômicos, ou dentro de mercados comuns, por meio de órgãos legislativos centrais, para que o desenfreado impulso do mercado possa ser contido em prol das normas protetivas do meio ambiente e de certos recursos naturais, passíveis de escassez, quiçá de esgotamento.

Sem margem para dúvidas, essa visão ambiental do mercado internacional passa pelo aspecto regulatório dos Estados, por estar

---

29 NESTER, Alexandre Wagner. **Regulação e concorrência (compartilhamento de infraestruturas e redes)**. São Paulo: Dialética, 2006, p. 60.

30 NESTER, Alexandre Wagner. **Regulação e concorrência (compartilhamento de infraestruturas e redes)**. São Paulo: Dialética, 2006, p. 64.

31 STIGLITZ, Joseph E. **Globalização. Como dar certo.** São Paulo: Companhia das Letras, 2007, p. 182. O autor menciona as barreiras à exportação de carne brasileira para os Estados Unidos, ao fundamento da proteção do mercado interno contra a febre aftosa. Demais disso, pode ser utilizado como exemplo o risco científico dos alimentos geneticamente modificados, cujos efeitos e consequências, a longo prazo, ainda são desconhecidos.

intrinsecamente ligado aos impactos financeiros de crises que envolvem a natureza, implicando análise econômica de contratos, investimentos, operações financeiras, cooperações internacionais e uma série de medidas que devem ser tomadas com foco no planejamento ambiental e nas regras internas dos países envolvidos.[32]

Portanto, a cada Estado deve corresponder uma parcela de responsabilidade pela regulação do mercado e das questões ambientais a ele vinculadas.

5.3 Ordem econômica e proteção do meio ambiente: a regulação interna

Vive-se numa economia capitalista, onde há o privilégio de atuação da iniciativa privada, sendo garantido constitucionalmente, por diversos países, inclusive o Brasil, aos Estados, garantir o funcionamento do mercado sem intervenções desnecessárias, salvo com o intuito de interesse público e a própria iniciativa privada.[33]

É de fundamental importância compreender o aspecto ambiental da globalização e dos mercados em conjunto com o Direito Econômico, pois ele é instrumento da política econômica dos países, representando aquela ordem jurídica que não somente estuda, mas busca combater os problemas advindos de práticas comerciais desajustadas.[34]

Essa inter-relação do Direito com a Economia é o instrumento do Direito Econômico e pode ser colocado à disposição do meio ambiente acaso sejam adotadas as políticas públicas corretas.

Em substituição à função do Estado de mero distribuidor de riquezas e bens, o que ocorre atualmente é a gerência e a distri-

---

32 RAO, P. K. **International Environmental Law and Economics**. Massachusetts: Blackwell Publishers Inc., 2002, p. 69.

33 FIGUEIREDO, Lúcia Valle. A atividade de fomento e a responsabilidade estatal. In: FREITAS, Juarez (Org.). **Responsabilidade civil do Estado**. São Paulo: Malheiros, 2006, p. 198.

34 DERANI, Cristiane. **Direito ambiental econômico**. 3. ed. São Paulo: Saraiva, 2008, p. 41.

buição dos prejuízos, representando o problema da gestão de riscos, tipicamente associada ao específico modelo de organização das sociedades contemporâneas, nas sociedades de riscos globais.

A criação de barreiras não tributárias, envolvendo o comércio internacional e a proteção do meio ambiente, indaga sobre o papel desenvolvido pelo Estado no momento dessa regulação.

Isso porque tem de se encontrar o precípuo papel por ele desempenhado, haja vista que a liberalização comercial e a proteção do meio ambiente parecem antagônicas, quando, na verdade, não o são. Ambas visam a proteção e o desenvolvimento do ser humano, buscando fomentar a cooperação multilateral (empresas e Estados) para atingir esse objetivo, em razão da crescente interdependência entre eles.[35]

Nessa perspectiva social e institucional, o risco (ambiental) também orienta a definição de uma nova compreensão do próprio futuro, pois dele fará parte.[36]

Leve-se em conta que não se pode exigir do mercado uma visão social e humanitária, ou seja, filantrópica. O mercado não pensa de forma coletiva, e as empresas perseguem o lucro, acima de tudo. Nesse momento é necessário um instrumento jurídico para impor restrições, aqui particularmente as ambientais, e promover uma atitude social, coletiva, que diga respeito ao interesse de todos.[37]

Na verdade, as leis do mercado não garantem que a economia se encaixe na defesa do meio ambiente, pois o mercado subvalora

---

35 OLIVEIRA, Silvia Menicucci de. **Barreiras não tarifárias no comércio internacional e direito ao desenvolvimento**. Rio de Janeiro: Renovar, 2005, p. 387.

36 AYALA, Patryck de Araújo. A proteção jurídica das futuras gerações na sociedade de risco global: o direito ao futuro na ordem constitucional brasileira. In: FERREIRA, Heline Sivini; LEITE, José Rubens Morato (Orgs.). **Estado de direito ambiental: Tendências. Aspectos constitucionais e diagnósticos**. Rio de Janeiro: Forense Universitária, 2004, p. 237.

37 DERANI, Cristiane. **Direito ambiental econômico**. 3. ed. São Paulo: Saraiva, 2008, p. 44.

(ou valora arbitrariamente) as necessidades humanas futuras e não leva em consideração os prejuízos externos às transações mercantis.[38]

Essa não é a sua função.

Por isso que a regulação econômica[39] pode trazer grandes implicações para as empresas, pois há uma limitação e um controle à sua atuação, seguindo os rumos desejados pelas normas emanadas do Estado. Exemplo disso pode ser a diferenciada tributação a determinados produtos, como cigarros e bebidas, cujas alíquotas se diferenciam dos produtos de primeira necessidade.[40]

A regulação econômica existe, portanto, para suprir as falhas de mercado e promover o bem-estar social, intervindo na atividade econômica e industrial a fim de dar resposta aos anseios sociais da modernidade.

Um dos principais dilemas sociais é o que correlaciona a poluição com o desenvolvimento. Apesar de serem conceitos associados, um não implica no outro, porque é possível que haja o desenvolvimento sem poluição e esta sempre deve ser analisada como fruto da inexistência de métodos e regras associadas ao progresso econômico social.

O progresso desligado das preocupações ambientais, alheio à perspectiva do desenvolvimento sustentável, tem consequências

---

38 ALIER, Joan Martinez. **Da economia ecológica ao ecologismo popular**. Blumenau: FURB, 1998, p. 30.

39 Maria Sylvia Zanella Di Pietro fala de regulação econômica e regulação social, sendo esta segunda aquela que atinge atividades sociais não exclusivas do estado, com a finalidade de proteger o interesse público, como saúde e vigilância. Cf. DI PIETRO, Maria Sylvia Zanella. Omissões na atividade regulatória do estado e responsabilidade civil das agências reguladoras. In: FREITAS, Juarez (Org.). **Responsabilidade civil do Estado**. São Paulo: Malheiros, 2006, p. 250.

40 STIGLER, George J. A teoria da regulação econômica. In: MATTOS, Paulo (Coord.). **Regulação econômica e democracia: o debate norte--americano**. São Paulo: Ed. 34, 2004, p. 23.

negativas, no domínio ambiental, que serão, senão hoje, amanhã, prejudiciais para as gerações futuras.[41]

O direito é de extrema utilidade na sociedade de risco ao passo em que é capaz de estabelecer parâmetros de atuação que permitam a tomada de decisões. Essas decisões servem de norte, de indicação para que políticas sejam adotadas, nas esferas públicas e privadas.

A doutrina do mercado livre de regulação, baseada nos postulados de que produtos devem circular livremente, sem interferência de agentes externos, é oposta a regulação na área ambiental, em razão da necessária proteção emprestada pelos Estados.

Em face disso, e para atenuar riscos decorrentes das facilidades de circulação do comércio entre Estados, houve a necessidade de determinadas imposições legais, como forma de balizamento para que produtos e serviços estivessem em conformidade com a legislação de regência de proteção do meio ambiente.[42]

Essas formas de intervenção ocorrem de diversas maneiras, referindo-se a todos os tipos de impostos e subsídios, bem como o controle legislativo e administrativo sobre taxas, ingressos no mercado e outras tantas atividades econômicas de intervenção.[43]

Portanto, o Estado atua no domínio econômico, ora como administrador, ora como planificador da economia, fomentando, estimulando, proibindo, desencorajando condutas, por meio de seu poder de polícia e de normas legais e regulamentares.[44]

---

41 CUNHA, Paulo. A Globalização, a Sociedade de Risco, a Dimensão Preventiva do Direito e o Ambiente. In: FERREIRA, Heline Sivini; LEITE, José Rubens Morato (Orgs.). **Estado de direito ambiental: Tendências. Aspectos constitucionais e diagnósticos**. Rio de Janeiro: Forense Universitária, 2004, p. 136.

42 SADELEER, Nicolas de. **Environmental Principles – From Political Slogans to Legal Rules**. New York: Oxford University Press Inc., 2002, p. 341.

43 POSNER, Richard A. Teorias da regulação econômica. In: MATTOS, Paulo (Coord.). **Regulação econômica e democracia: o debate norte--americano**. São Paulo: Ed. 34, 2004, p. 50.

44 CUÉLLAR, Leila. **As agências reguladoras e seu poder normativo**. São Paulo: Dialética, 2001, p. 52.

A análise preventiva de determinados impactos é, na verdade, o antídoto jurídico para o risco de determinados atos e empreendimentos, mormente os de grande impacto.[45] A construção quase que total do Direito Ambiental é feita sob o paradigma da regulação. A preocupação é limitar condutas e estabelecer padrões, todos eles importados das ciências exatas sob a égide da sua infalibilidade.[46]

Se o meio ambiente gera conflitos sociais, como de fato ocorre, deve o Direito regular as relações sociais, através dos instrumentos jurídicos adequados, eventualmente adaptados às novas necessidades e funcionalmente apto à solução dos novos problemas.[47]

No atual cenário de desenvolvimento da sociedade de mercado, sociedade industrial, de riscos iminentes, não há mais condições do Estado-nação figurar como ator principal, e com ele interagir eficazmente, senão pela ótica dos grandes blocos regionais econômicos, sob pena da globalização e seus diversos fatores culturais, jurídicos, econômicos, sociais destruírem as ordens instaladas internamente.[48]

Assim, as constituições modernas, a exemplo da do Brasil, primaram pela intervenção como forma de o Estado interagir com

---

45 BELLO FILHO, Ney de Barros. Teoria do direito e ecologia: Apontamentos para um direito ambiental no século XXI. In: FERREIRA, Heline Sivini; LEITE, José Rubens Morato (Orgs.). **Estado de direito ambiental: Tendências. Aspectos constitucionais e diagnósticos**. Rio de Janeiro: Forense Universitária, 2004, p. 95.

46 BELLO FILHO, Ney de Barros. Teoria do direito e ecologia: Apontamentos para um direito ambiental no século XXI. In: FERREIRA, Heline Sivini; LEITE, José Rubens Morato (Orgs.). **Estado de direito ambiental: Tendências. Aspectos constitucionais e diagnósticos**. Rio de Janeiro: Forense Universitária, 2004, p. 95.

47 CUNHA, Paulo. A globalização, a sociedade de risco, a dimensão preventiva do direito e o ambiente. In: FERREIRA, Heline Sivini; LEITE, José Rubens Morato (Orgs.). **Estado de direito ambiental: Tendências. Aspectos constitucionais e diagnósticos**. Rio de Janeiro: Forense Universitária, 2004, p. 145.

48 ROSA, Alexandre Morais da; LINHARES, José Manoel Aroso. **Diálogos com a Law & Economics**. Rio de Janeiro: Lumen Juris, 2009, p. 52.

o mercado em busca do bem-estar social, coletivo, e onde se afigura cabível tratar da proteção do meio ambiente, ao lado dos direitos do consumidor, da mitigação da pobreza, da relativização dos aspectos absolutos da propriedade privada, enfim, na observância e garantia de alguns direitos fundamentais.[49]

Cabe, portanto, ao Estado e à iniciativa privada, bem como a coletividade, seja através de programas públicos, ou políticas públicas, seja pela atuação particular de empresas, atuar em prol das atividades ambientalmente corretas, sob pena de exclusão comercial de produtos e caos social na realização de programas de governo e gestão pública.

O mercado, porém, começa a mostrar as reais necessidades de políticas ambientais por partes dos grandes conglomerados econômicos, transformando políticas empresarias ambientais em lucro, a exemplo das inúmeras empresas que adotam padrões ambientais internos.[50]

Portanto, estratégias ambientais, sustentabilidade e responsabilidade social passaram a ser elementos indispensáveis para as empresas nessa virada de século, nessa "sociedade de risco", onde a globalização exige aspectos diferenciais em produtos e serviços.

O rigor com que o mercado encara essas exigências é tamanho que pode ser o tênue liame entre o sucesso e o fracasso de produtos e serviços, principalmente diante das recentes manifestações da Organização Mundial do Comércio (OMC), determinando que as indústrias do Brasil, China e outros países emergentes acelerem a redução das emissões de carbono.[51]

---

49 ROSA, Alexandre Morais da; LINHARES, José Manoel Aroso. **Diálogos com a Law & Economics**. Rio de Janeiro: Lumen Juris, 2009, p. 58.

50 ESTY, Daniel C.; WINSTON, Andrew S. **Green to Gold. How Smart Companies Use Environmental Strategy to Innovate, Create Value, and Build Competitive Advantage.** New Haven: Yale University Press, 2006, p. 21.

51 VALOR ECONÔMICO. **Barreiras ambientais são nova ameaça a emergentes**. São Paulo, 25-9-2008.

Acaso isso não seja feito, esses países enfrentarão barreiras ambientais, não tarifárias, no mercado internacional. A preocupação das empresas, portanto, deve ser grande, já que se estima que o comércio de produtos ambientais é de US$ 500 bilhões por ano, indicando uma forte tendência para que as empresas se adaptem a essa nova ordem global.[52]

5.4 Planejamento ambiental empresarial

Afirma-se que um "Estado de Direito Ambiental" veio à tona em razão do diagnóstico da existência de uma crise ambiental, ocorrida a partir do divórcio entre a concepção das atividades econômicas e da proteção ambiental. Assim, trata-se da constatação de uma profunda mudança que está em andamento, pois atualmente observa-se uma saturação da atuação do Estado, seja no aspecto estrutural, seja no funcional.[53]

A deflagração dessa crise ambiental exigiu uma série de transformações condizentes com a sensibilidade do bem difuso do meio ambiente, de onde se observa que o "Estado de Direito Ambiental", como fora tratado, é hoje um compromisso arguido pelas diversas declarações internacionais em formação.

Porém, é de se convir que todos os problemas de política ambiental só poderão ser resolvidos quando reconhecida a unidade entre cidadãos, Estados, iniciativa privada e o próprio meio ambiente, desde que garantidos os instrumentos de ação conjunta, resultando em políticas ambientais comprometidas com a eficácia

---

52 VALOR ECONÔMICO. **Barreiras ambientais são nova ameaça a emergentes**. São Paulo, 25-9-2008.

53 MARQUES, Angélica Bauer. A cidadania ambiental e a construção do estado de direito do meio ambiente. In: FERREIRA, Heline Sivini; LEITE, José Rubens Morato (Orgs.). **Estado de direito ambiental: Tendências. Aspectos constitucionais e diagnósticos**. Rio de Janeiro: Forense Universitária, 2004, p. 185.

da proteção baseadas nos princípios da cooperação e da cidadania ambiental.[54]

Independentemente das metas de desenvolvimento fixadas pelos países, é imperioso que incentivos de várias ordens sejam criados, sejam fiscais ou extrafiscais, tarifários ou não tarifários, com a finalidade de observância dos padrões globais.

Exemplo disso foi a não ratificação pelos Estados Unidos do Protocolo de Quioto, depois de sua assinatura em 1997.[55]

Uma dessas políticas, ou mesmo de incentivos, foi traçada pelo Protocolo de Montreal sobre gases destruidores da camada de ozônio, que se valeu de barreiras (sanções) comerciais para sua ratificação.[56]

A análise dos riscos na sociedade contemporânea deve ser compreendida como um problema da interpretação desses riscos, não cabendo haver uma leitura superficial, como simples ameaça à integridade pessoal dos cidadãos.

Na sociedade de risco atual, os perigos são maiores, mais graves e com maior poder de lesão, leia-se impacto, alcançando e vitimando várias espécies de sujeitos.[57]

A gestão participativa do Estado, com o apoio dos cidadãos e das empresas, será o ápice de um "Estado de Direito Ambiental".[58]

---

54 MARQUES, Angélica Bauer. A cidadania ambiental e a construção do estado de direito do meio ambiente. In: FERREIRA, Heline Sivini; LEITE, José Rubens Morato (Orgs.). **Estado de direito ambiental: Tendências. Aspectos constitucionais e diagnósticos**. Rio de Janeiro: Forense Universitária, 2004, p. 185.

55 STIGLITZ, Joseph E. **Globalização. Como dar certo**. São Paulo: Companhia das Letras, 2007, p. 288.

56 STIGLITZ, Joseph E. **Globalização. Como dar certo**. São Paulo: Companhia das Letras, 2007, p. 289.

57 LEITE, José Rubens Morato; AYALA, Patrick de Araújo. **Direito ambiental na sociedade de risco**. Rio de Janeiro: Forense Universitária, 2002, p. 14.

58 MARQUES, Angélica Bauer. A cidadania ambiental e a construção do estado de direito do meio ambiente. In: FERREIRA, Heline Sivini; LEITE, José Rubens Morato (Orgs.). **Estado de direito ambiental: Tendências**.

Assim, para que seja formulada uma política ambiental consciente, faz-se necessário que o Estado guie a orientação do mercado, e consequentemente da economia, por princípios ambientais.

Uma das formas mais comuns de se avaliar o perigo iminente é realizar um Programa de Gerenciamento de Riscos (PGR), analisando-os sob o prisma qualitativo e quantitativo, de produção ou de marketing.

Esses programas apresentam várias etapas distintas, desde a identificação, avaliação, treinamento de equipe, manutenção de equipamentos, até levantamento de dados de segurança de produtos, investigação de acidentes, seguros ambientais e auditorias internas.[59]

Portanto, o Estado deve agir no sentido de inibir o resultado lesivo que pode ser produzido pela atividade, visando inibir o risco de dano, ou seja, o risco de que a atividade perigosa possa vir a ter efeitos danosos ao meio ambiente.

Destarte, a análise dos riscos sempre pressupõe a existência de risco potencial, ainda que este risco: a) não tenha sido inteiramente demonstrado, b) não possa ser quantificado em sua amplitude ou em seus efeitos, c) devido à insuficiência ou aos inconclusos dados científicos disponíveis na avaliação dos riscos.

Nesse momento, o juízo que se deve fazer (seja Estado ou empresa) origina-se na impossibilidade de determinar quais os riscos e qual o grau desses riscos.[60]

O risco ambiental pode se apresentar de duas formas: risco súbito ou risco operacional. O primeiro deles é aquele que não ocorre com frequência, sendo, na verdade, imprevisível nas

---

Aspectos constitucionais e diagnósticos. Rio de Janeiro: Forense Universitária, 2004, p. 186.

59 VALLE, Cyro Eyer do; LAGE, Henrique. **Meio ambiente. Acidentes, lições, soluções**. São Paulo: Editora SENAC, 2003, p. 141.

60 LEITE, José Rubens Morato; AYALA, Patrick de Araújo. **Direito ambiental na sociedade de risco**. Rio de Janeiro: Forense Universitária, 2002, p. 68.

condições normais de operação industrial. No segundo caso, o risco decorre de uma ação cotidiana, corriqueira, habitual.[61]

Diante desse cenário de incertezas, em que se podem representar os efeitos dos danos, ou os riscos ambientais virem à tona, faz-se imprescindível dispor de meios de contenção desses acontecimentos, e que serão regulados pelas disposições legais emanadas do Estado.

A iniciativa privada, é bem verdade, vive um constante conflito com o poder público, a fim de minimizar ou excluir a responsabilização por eventuais danos ocorridos no âmbito de realização de suas atividades, principalmente aquelas cujos impactos ambientais são de maiores proporções.

Uma das melhores estratégias para evitar os danos e mitigar os riscos ambientais das empresas é a realização constante de planos e programas de prevenção, a exemplo das auditorias ambientais internas.[62]

A partir da década de 90, a auditoria ambiental, ou seja, o levantamento de dados ambientais preventivos, ganhou novos contornos. Em 1993 a União Europeia aprovou o *Eco-Management Audit Scheme (EMAS)*, dando novo impulso aos trabalhos de normatização técnica de procedimentos ambientais, por meio dos *standards* desenvolvidos por entidades nacionais e internacionais, como a *British Standard Association (BSA)* e a *International Standards Organization (ISO)*, criadoras das séries *"BS Environmental Standards"* e da *"ISO"*, respectivamente.[63]

Portanto, a realização do desenvolvimento sustentável, como apregoado em diversas Assembleias, Tratados e Protocolos internacionais, depende de políticas de intervenção estatal em nível nacional e supranacional, como no caso dos blocos econômicos

---

61 VALLE, Cyro Eyer do; LAGE, Henrique. **Meio ambiente. Acidentes, lições, soluções**. São Paulo: Editora SENAC São Paulo, 2003, p. 142.

62 SALES, Rodrigo. **Auditoria ambiental. Aspectos jurídicos**. São Paulo: LTr, 2001, p. 20.

63 SALES, Rodrigo. **Auditoria ambiental. Aspectos jurídicos**. São Paulo: LTr, 2001, p. 37.

formados no século passado. Dessa maneira, os objetivos de boa governança englobam a esfera do direito internacional e das relações de mercado escoradas na sustentabilidade ambiental.[64]

Uma variação das auditorias ambientais são as *Environmental Due Diligences*, criadas inicialmente na área empresarial de fusões e aquisições (*merges & acquisitions – M&A*), para avaliação pontual de riscos, em processos de privatizações, investimentos em ações, concessões de financiamentos para atividades potencialmente poluidoras e contratação de seguros.

Outro ponto de destaque são os seguros ambientais.

A prática de elaborar seguros ambientais já foi incorporada ao cotidiano de muitos países, a exemplo dos Estados Unidos. O mercado norte-americano aprimorou bastante esse segmento específico e desenvolveu diversas apólices voltadas para a área ambiental.[65]

Já as *Environmental Due Diligences* visam identificar as responsabilidades ambientais resultantes de diversas situações, como o desrespeito às normas ambientais, a contaminação do empreendi-

---

64 OLIVEIRA, Silvia Menicucci de. **Barreiras não tarifárias no comércio internacional e direito ao desenvolvimento**. Rio de Janeiro: Renovar, 2005, p. 631.

65 TRENNEPOHL, Natascha. **Seguro ambiental**. Salvador: JusPodivm, 2007, p. 88. Dentre elas, a autora cita os principais tipos de apólices, como: a) Seguro de poluição para diretores (*Directors and officers insurance*), que cobre gastos com a defesa de dirigentes da empresa; b) Responsabilidade civil profissional para engenheiros, auditores e consultores ambientais (*Professional environmental consultants liability*), que prevê cobertura para situações de erros e omissões cometidas durante o exercício profissional daqueles que atuam com o meio ambiente; c) Responsabilidade civil para a reparação ambiental quando da transferência da propriedade (*Real estate environmental liability*), que diz respeito à cobertura dos gastos com a limpeza de locais adquiridos por meio de fusões ou aquisições empresariais e sobre os quais não se têm maiores informações; e d) Responsabilidade civil ambiental (*Environmental impairment liability*), que oferece uma cobertura ampla, incluindo os danos corporais e materiais, custos de limpeza fora do local segurado e despesas judiciais.

mento ou seu potencial impacto, os riscos da atividade, em todo seu processo de produção, distribuição e comercialização etc.[66]

A prática de avaliação ambiental e procedimentos de investigação interna é relativamente nova no Brasil, tendo sido introduzida por empresas multinacionais, em decorrência da exigência do mercado internacional, que necessita, gradativamente, de meios de antecipar os danos e mitigar os prejuízos.

Isso se deve à importância "estratégica" do correto gerenciamento dos aspectos ambientais das atividades empresariais de grande impacto, a exemplo de atividades como siderurgia, mineração, petróleo e gás etc.[67]

Parece que, dessa forma, a concepção das empresas para a proteção ambiental ganha novos contornos e se avoluma no cenário da globalização como paradigma do desenvolvimento sustentável.

Essa atuação conjunta parece ser a melhor forma de se proteger o meio ambiente em nível global, uma vez que somente os Estados, com a regulação interna da economia e a atuação direta por meio de políticas públicas, ou somente as empresas, com o viés empreendido pelo mercado, não serão capazes de atender aos ditames preconizados de proteção ambiental para as próximas décadas.

É imperioso que as empresas transnacionais, com grandes reservas de recursos e poder financeiro, alinhem a responsabilidade social fortemente manifestada nas últimas décadas, e intervenham no processo econômico de maneira significativa, analisando os riscos de suas atividades e interagindo com o mercado global, com vistas à proteção do meio ambiente, ainda que essa interação tenha interesses mercantis e comerciais.

O apelo ao consumo de produtos e a prestação de serviços ambientalmente corretos podem ser o esteio para o implemento de políticas públicas coordenadas com a iniciativa privada e que

---

66 SALES, Rodrigo. **Auditoria ambiental. Aspectos jurídicos**. São Paulo: LTr, 2001, p. 107.

67 SALES, Rodrigo. **Auditoria ambiental. Aspectos jurídicos**. São Paulo: LTr, 2001, p. 202.

busquem, ao fim de toda a produção, distribuição e comercialização, resultados com enfoque no bem-estar coletivo.[68]

As empresas empenhadas em equilibrar seus resultados financeiros com os impactos ambientais e sociais que geram, certamente administram seus negócios com os olhos no futuro.

O momento do mercado global, e as crises ambientais que se revelam cada vez mais fortes, representam um motivo para mudança. As empresas precisam, juntamente com os Estados, buscar a preservação do planeta e propor meios de reduzir as desigualdades sociais, ainda que sob o manto do consumo e do lucro, pois as consequências de abalos financeiros e econômicos muitas vezes encontram justificativa em questões ambientais.

A necessidade de se estabelecer parâmetros de responsabilidade social pode fazer a diferença na forma como as empresas são encaradas pelo mercado.

As empresas que assim procederem certamente serão consideradas "empresas sustentáveis", ou "empresas ambientalmente corretas".

Os resultados dessa adequação serão abordados no capítulo seguinte.

---

68 HAWKEN, Paul. **Blessed Unrest. How the Largest Movement in the World Came Into Being and Why No One Saw it Coming**. New York: Penguin Group, 2007, p. 153. Exemplo disso são os *green buildings*, empreendimentos imobiliários que buscam "sustentabilidade". A busca é pelo "selo" LEED (*Leadership in Energy and Environmental Design*), um dos mais reconhecidos no mundo.

PARTE III

Responsabilidade social das empresas e meio ambiente

CAPÍTULO 6

Concepção da empresa na sociedade de risco

6.1 Interação com setores da economia

O século XX representou enorme avanço para a consolidação da democracia nos Estados e a conscientização da necessidade de se garantirem os direitos humanos. Os ideais democráticos expandiram seu domínio sobre a sociedade e a economia. A negligência social atribuída ao mercado teve seu contraponto em diversas políticas estatais que buscavam proteger o cidadão, a exemplo do *New Deal* de Roosevelt, nos Estados Unidos.

Toda essa construção jurídica, de garantia e observância dos direitos sociais insculpidos nas Constituições, tem seu nascedouro e desenvolvimento no próprio constitucionalismo moderno, com os textos que enalteceram esses direitos, a exemplo da *Magna Carta Baronorum* (1215), nos dois *Bill of Rights* (1628 e 1688), na Constituição Americana (1787) e na Constituição Francesa (1789).[1]

Porém, diz-se que no final do século passado, com o retrocesso dessa intervenção do Estado e o avanço das grandes corporações econômicas, a desregulação jurídica permitiu aos grandes conglomerados econômicos tornarem-se a instituição dominante no mundo, responsável por ditar as regras não só do mercado, mas de muitos países dele dependente.[2]

---

1 MARTINS, Ives Gandra da Silva. Os modelos sociais: a caminho de um novo paradigma? In: SOUZA, Carlos Aurélio Mota de (Org.). **Responsabilidade social das empresas**. São Paulo: Juarez de Oliveira, 2007, p. 1.

2 BAKAN, Joel. **A corporação. A busca patológica por lucro e poder**. São Paulo: Novo Conceito Editora, 2008, p. 168.

O desenvolvimento no âmbito do sistema multilateral de comércio foi produto de esforços políticos tendentes a reduzir as desigualdades criadas pelo comércio internacional depois da Segunda Grande Guerra, em resposta aos problemas dela decorrentes, como a existência de dois polos econômicos bem diversos.[3]

Dentro desse contexto de desenvolvimento, faz-se mister aliar os interesses das empresas aos dos Estados, com o manifesto intento de que a economia não caminhasse por si só, desapegada dos fundamentos que norteavam a atuação estatal, com foco nos interesses públicos, de toda a coletividade.

Os contratos internacionais serviram para regular as situações comerciais, direitos e deveres, entre os contratantes, devendo abordar todas as circunstâncias que envolvem qualquer contrato, como as partes, o objeto, o foro para resolver eventuais litígios, penalidades por atraso na prestação do serviço, ou mesmo do pagamento avençado, enfim, tudo que diz respeito a um contrato, porém, com o diferencial de envolver legislações de países diferentes.

Levando em conta o número cada vez maior de contratos entre empresas de Estados diversos, sentiu-se a importância de se criar regimes jurídicos, associações comerciais e mesmo conferências internacionais a fim de unificar, quiçá uniformizar, os contratos de prestação de serviços e troca de mercadorias em face da disparidade de legislações envolvidas na relação comercial.[4]

Assim, a construção jurídica de todo o arcabouço legislativo dos Estados modernos de alguma maneira buscou conjugar os aspectos sociais das políticas públicas aos interesses privados das grandes corporações, para que não houvesse conflito.

Ao revés, todo o desenvolvimento econômico deve ser calcado num tipo de responsabilidade social, no que se convencionou

---

3 OLIVEIRA, Silvia Menicucci de. **Barreiras não tarifárias no comércio internacional e direito ao desenvolvimento**. Rio de Janeiro: Renovar, 2005, p. 108.

4 VIEIRA, Guilherme Bergmann Borges. **Regulamentação no comércio internacional. Aspectos contratuais e implicações práticas**. São Paulo: Aduaneiras, 2002, p. 22.

chamar de função social, seja da propriedade, seja dos contratos, enfim, nos interesses da coletividade, ainda que não participante da relação jurídica que a ele deu causa.

Dessa forma, a regulação de setores como o meio ambiente, a exploração de recursos naturais, a atenção aos consumidores, a previdência social, enfim, os segmentos que exigissem uma atuação direta do Estado, tiveram mais atenção.

Portanto, para que houvesse proteção jurídica do ambiente foi preciso uma reconstrução social bastante contundente, no sentido de fortalecer uma concepção de direito que não seja expressão dos dogmas da globalização neoliberal.[5]

A preocupação com o ambiente surgiu do seu conhecimento como instrumento de liberdade e autonomia, tornando-o ponto de discussão central a partir de um novo paradigma. Esse novo direito, portanto, foi concebido como instrumento de proteção dos cidadãos e da sociedade na já consolidada era de risco.[6]

Alguns autores chegam a afirmar a urgente necessidade de se criar um Estado de Direito Ambiental. Essa alteração pode ser sentida na Constituição Federal de 1988, pois, em seu art. 225, foi convertido um Estado tradicional em um Estado atento às necessidades de preservação ambiental para as presentes e futuras gerações.[7]

---

5 FRIEDMAN, Thomas L. **Hot, Flat and Crowded. Why the World Needs a Green Revolution – And How We Can Renew our Global Future**. London: Penguin Books Ltd., 2008, p. 205. O autor chama de *green revolution* a mudança do paradigma global e acredita que os Estados Unidos serão o primeiro país a encarar as mudanças em prol do meio ambiente.

6 BELLO FILHO, Ney de Barros. Teoria do Direito e Ecologia: Apontamentos para um direito ambiental no século XXI. In: FERREIRA, Heline Sivini; LEITE, José Rubens Morato (Orgs.). **Estado de direito ambiental: Tendências. Aspectos constitucionais e diagnósticos**. Rio de Janeiro: Forense Universitária, 2004, p. 75.

7 LEITE, José Rubens Morato; AYALA, Patrick de Araújo. **Direito ambiental na sociedade de risco**. Rio de Janeiro: Forense Universitária, 2002, p. 27.

Nessa esteira, é de se exigir participação global, de Estados, pessoas, empresas, enfim, todos, numa verdadeira cidadania participativa.[8]

Ao longo dos últimos dois séculos, a corporação, entendida como a empresa no seu contexto global do mercado, saiu de uma posição *ad lattere* do Estado para figurar como a instituição econômica dominante no mundo.[9]

Os participantes do sistema global ambiental incluem líderes de governo, grupos oficiais e não oficiais, entidades e associações governamentais, associações científicas, entidades multilaterais, agências de fomento e, principalmente, as *business associations*, ou empresas transnacionais.[10]

Um ponto que deve ser considerado nessa era moderna é a presença marcante dos atores globais, muitas vezes com poder econômico e influência maior que os Estados. São eles os blocos econômicos, as organizações internacionais e as empresas transnacionais.

Não se pode negar que a posição atual desses personagens é de real importância para os Estados, principalmente pelo significativo papel que desempenham no contexto da globalização.

Aqui importa a repercussão das empresas transnacionais na economia e na proteção do meio ambiente, diante da anunciada "sociedade de risco".

Cada vez mais os países começam a se preocupar com o papel dessas corporações e com a regulação a elas imposta, em face dos grandes investimentos que carregam e da força econômica que representam.

---

8 Exemplo desse engajamento coletivo é a proposta da Lei de Responsabilidade Fiscal (LC 101/00), que pretende a interação de todos os atores sociais sob pena de falta de eficácia social da lei. Cf. NÓBREGA, Marcos; FERREIRA, Cláudio; RAPOSO, Fernando; BRAGA, Henrique. **Comentários à Lei de Responsabilidade Fiscal**. 2. ed. São Paulo: RT, 2001, p. 17.

9 BAKAN, Joel. **A corporação. A busca patológica por lucro e poder**. São Paulo: Novo Conceito Editora, 2008, p. 5.

10 SUSSKIND, Lawrence E. **Environmental Diplomacy**. New York: Oxford University Press, 1994, p. 11.

As empresas transnacionais movimentam trilhões de dólares, muitas vezes sem o necessário controle do Estado. Exemplo da falta de regulação é a crescente onda de *joint ventures*[11] e o avassalador fluxo de capital especulativo que circula diariamente no planeta.[12]

Essas empresas têm alcance global e se vinculam ao ordenamento jurídico de onde foram criadas, expandindo-se rapidamente e com um enorme capital de giro, muitas vezes desrespeitando os padrões do Estado onde procuram se instalar.

Essa corporação transnacional é a principal manifestação da economia realmente globalizada.[13]

Em alguns casos, é impossível não comparar as grandes empresas, e seu domínio sobre a sociedade, ao que a Igreja e a monarquia fizeram em épocas passadas, pois são essas empresas que definem a maioria das políticas públicas, principalmente naqueles Estados mais fracos, onde elas se instalam mais facilmente.[14]

Porém, resta claro que as questões ambientais, e sua influência sobre o mercado, estão mudando o curso dos negócios em todo o mundo. Apesar de algumas indústrias ainda não reconhecerem a importância das estratégias vinculadas aos assuntos ambientais. Questões ligadas a custos, imagem, qualidade, serviços, devem fazer parte da logística ambiental das empresas para que entrem no competitivo mercado verde.[15]

É por isso que as empresas mais competitivas e, quiçá, bem-sucedidas, geralmente são aquelas cujo comprometimento

---

11 BERGSTRAND, Jeffrey H. **Empresa global: 25 princípios para operações internacionais**. São Paulo: Publifolha, 2002, p. 53.

12 Régis, André. **Intervenções nem sempre humanitárias: O realismo das relações internacionais**. João Pessoa: Editora Universitária/UFPB, 2006, p. 100.

13 ROSSI, Fabiano Leitoguinho. **Regime jurídico das empresas transnacionais**. São Paulo: IOB Thomson, 2006, p. 28.

14 BAKAN, Joel. **A corporação. A busca patológica por lucro e poder**. São Paulo: Novo Conceito Editora, 2008, p. 6.

15 SPEDDING, Linda S. **Environmental Management for Business**. West Sussex: John Wiley & Sons Ltd., 1996, p. 88.

ambiental aparece para o público consumidor, pois agregam valor aos seus produtos e serviços.

Esse tipo de sistema, proativo, quando adotado por uma empresa, geralmente é seguido pelas demais, no que se costuma chamar de *benchmarking*.[16]

A participação e a postura proativa têm de partir de todos os segmentos, inclusive do setor privado. Todas as estruturas devem ser mobilizadas em prol do meio ambiente, como a sociedade civil, organizações que se situam entre o estado e o mercado, e que respondem pela realização da cidadania e da dignidade da pessoa humana.[17]

Beck afirma que a grande diferença da sociedade de risco atual para a de outras épocas é a impossibilidade de se preverem exatamente as situações de perigo, que são produto do nosso modelo social e industrial.[18]

O direito como principal instrumento vocacionado para a organização da vida em sociedade[19] não poderia manter uma atitude de indiferença perante os problemas do ambiente e de sua proteção efetiva, sendo no domínio dos mecanismos de prevenção e de caráter antecipatório que se encontram as soluções mais ajustadas à tutela dos bens ambientais.[20]

---

16 Idem, p. 89. O *benchmarking* pode ser definido como a busca pelas melhores práticas industriais que conduzem a um melhor desempenho. Esse processo se dá quando uma empresa compara práticas e performances negociais, a fim de melhorar a mesma ou uma função semelhante dentro de sua atividade.

17 DERANI, Cristiane. **Direito ambiental econômico**. 3. ed. São Paulo: Saraiva, 2008, p. 71.

18 BECK, Ulrich. **La sociedad del riesgo: hacia una nueva modernidad**. Barcelona: Paidós, 1998, p. 237.

19 PONTES DE MIRANDA, Francisco Cavalcanti. **Introdução à política científica**. Rio de Janeiro: Forense, 1983, p. 201.

20 CUNHA, Paulo. A globalização, a sociedade de risco, a dimensão preventiva do direito e o ambiente. In: FERREIRA, Heline Sivini; LEITE, José Rubens Morato (Orgs.). **Estado de direito ambiental: Tendências. Aspectos constitucionais e diagnósticos**. Rio de Janeiro: Forense Universitária, 2004, p. 112.

Isso se dá com a regulação econômica (*regulation*), manifestada sob as vestes do conjunto de regras utilizadas pelo estado para intervir na economia, buscando corrigir as imperfeições do mercado, ou melhor, as falhas do mercado.

Daí a necessidade da existência de mecanismos jurídicos preestabelecidos.[21]

Essa regulação tenta equilibrar a liberdade da iniciativa privada com a livre concorrência, ou seja, alcançar a manutenção das regras de competição entre os particulares, competidores no mercado.[22]

Portanto, a intervenção do governo na atividade econômica e social pode ocorrer por meio dos diversos ramos do direito (civil administrativo, ambiental, consumidor, penal, societário, antitruste).[23]

Assim, ao passo que as empresas interagem com o Estado e este tenta regular a economia, para que não gere um colapso social, a interação se faz cada vez mais necessária, principalmente em políticas públicas internas que tragam benefícios para o empreendedor (empresa privada) e para o consumidor final (cidadão integrante de um Estado).

6.2 Participação em programas de políticas públicas

O modelo de exploração capitalista e os índices de consumo da sociedade atual, bem como aquele despendido em torno das práticas e comportamentos potencialmente produtores de situações de risco, em razão do modelo de organização econômica, política e social, expõem o ambiente, progressiva e constantemente, ao risco.[24]

---

21 CUÉLLAR, Leila. **As agências reguladoras e seu poder normativo**. São Paulo: Dialética, 2001, p. 53.

22 CUÉLLAR, Leila. **As agências reguladoras e seu poder normativo**. São Paulo: Dialética, 2001, p. 54.

23 LOSS, Giovane Ribeiro. **A regulação setorial do gás natural**. Belo Horizonte: Fórum, 2007, p. 22.

24 LEITE, José Rubens Morato; AYALA, Patryck de Araújo. **Direito ambiental na sociedade de risco**. Rio de Janeiro: Forense Universitária, 2002, p. 103.

Destarte, o poder público está obrigado a sacrificar o mínimo de sua atuação para fazer valer o princípio da precaução, no sentido de salvaguardar o direito fundamental ao meio ambiente equilibrado, adotando medidas antecipatórias aos danos possíveis, assumindo, na verdade, os ditames preservacionistas preconizados na atual sociedade de risco.[25]

Para tanto, deve fazer uso da atividade regulatória de seus diversos órgãos e agentes. Porém, essa regulação somente deve ser incidente quando se faça estritamente necessária, a exemplo da correção das falhas de mercado ou para atender interesses sociais, como já foi longamente apreciado.[26]

A efetiva intervenção do Estado na ordem econômica teve seu ápice no momento em que as Constituições modernas passaram a disciplinar essa ingerência estatal, principalmente depois da Constituição mexicana de 1917.

No Brasil, isso se deu com a Constituição de 1934, sob a influência da Constituição alemã de Weimar, de 1919, primeiro texto constitucional a consignar princípios e normas sobre a ordem econômica.

Em razão do disciplinamento jurídico desses fatores econômicos, promovido pelos textos constitucionais, foi sistematizada a ordem pública econômica, com fundamentos mais estáveis.

Em face da atuação estatal no campo econômico e na sua regulação, a doutrina mais respeitada passou a cogitar de uma Constituição econômica e de um direito público econômico.[27]

Essa Constituição tem como objetivo evitar os conflitos oriundos do mercado e amenizar as disparidades do livre comércio, estabelecendo condições para a livre concorrência e a competição no

---

25 FREITAS, Juarez. Responsabilidade civil do Estado e o princípio da proporcionalidade: Vedação ao excesso e de inoperância. In: FREITAS, Juarez (Org.). **Responsabilidade civil do Estado**. São Paulo: Malheiros, 2006, p. 186.

26 LOSS, Giovane Ribeiro. **A regulação setorial do gás natural**. Belo Horizonte: Fórum, 2007, p. 44.

27 CUNHA JR., Dirley da. **Curso de direito constitucional**. 2. ed. Salvador: JusPodivm, 2008, p. 1058.

mercado, evitando a existência e manutenção de cartéis, monopólios privados, *dumping* e outras práticas abusivas vindas do mercado.[28]

Porém os contratos internacionais que regem as relações comerciais entre países escapam de sua regulação, seja por despropósito legislativo, pois os textos constitucionais não comportam tamanho detalhamento, a ponto de vingar regulá-los em norma de tão grande magnitude, seja por aparente impossibilidade dos Estados modernos, diante das tão velozes mudanças no cenário econômico.

Assim, como os contratos internacionais podem ser regidos por ordenamentos jurídicos diversos, por convenções internacionais, ou mesmo, em alguns casos, estar alheios à regulação estatal, e submetidos, portanto, à *lex mercatoria*, as partes ficam sujeitas aos conflitos e interesses díspares, sendo necessário aos Estados participantes, de alguma maneira, agir e garantir o interesse mais satisfatório.[29]

Por isso, como já fora dito, faz-se indispensável a regulação econômica, pressupondo a edição de regra especial, a identificar: o mercado objeto da regulação, bens ou serviços que o integram, os agentes econômicos que estão atuando, os órgãos administrativos responsáveis pela execução e controle dessas regras.[30]

A participação das empresas multinacionais, mormente as norte-americanas,[31] em programas de políticas públicas ambientais, tem um objetivo muito bem definido: aparecer para o público, e principalmente para seus acionistas, como empresas que têm responsabilidade social empresarial.[32]

---

28 OLIVEIRA, Gesner; RODAS, João Grandino. **Direito e economia da concorrência**. Rio de Janeiro: Renovar, 2004, p. 85.

29 VIEIRA, Guilherme Bergmann Borges. **Regulamentação no comércio internacional. Aspectos contratuais e implicações práticas**. São Paulo: Aduaneiras, 2002, p. 25.

30 DUTRA, Pedro. **Livre concorrência e regulação de mercados. Estudos e pareceres**. Rio de Janeiro: Renovar, 2003.

31 FRIEDMAN, Thomas L. **Hot, Flat and Crowded. Why the world needs a Green Revolution – And How We Can Renew our global future**. London: Penguin Books Ltd., 2008, p. 176.

32 STIGLITZ, Joseph E. **Globalização. Como dar certo**. São Paulo: Companhia das Letras, 2007, p. 317.

O suposto mau comportamento de certas empresas, em recentes escândalos internacionais, mostrou a importância de manter a imagem de produtos e serviços vinculados a práticas sociais e ambientais.

Exemplo desses escândalos foram as presenças da Nike (americana) no Vietnã, e da Shell (anglo-holandesa) na Nigéria, haja vista as acusações de trabalho escravo e de participação em juntas militares, ou seja, em práticas que fogem ao bom conceito de sustentabilidade e mesmo de participação em políticas públicas.[33]

Dessa forma, as empresas modernas veem a responsabilidade social empresarial como um bom negócio, sugerindo que as empresas "socialmente responsáveis" estão de acordo com a moral e a ética empresarial, bem como de acordo com a legislação do país onde está instalada.

Esse, ao menos, é o pressuposto lógico.

A dinâmica da era moderna representa um tipo de incremento industrial que modifica e destrói as estruturas anteriores. Essa modificação foi fruto de um capitalismo que reformou toda a ordem social.[34]

Demais disso, nunca se pode olvidar que as supostas (in)certezas científicas são a marca maior da era moderna, onde o homem tenta controlar até mesmo a natureza em seus aspectos mais profundos, como o patrimônio genético. Patrimônio genético deve ser entendido como o conjunto de seres vivos, todos, incluindo os homens, os animais, os vegetais, os micro-organismos, que constituem a biodiversidade do planeta.[35]

O avanço tecnológico e a enorme evolução da engenharia genética nos últimos anos renderam ensejo à tutela desse novel direito, pois estavam em jogo órgãos relacionados à vida e à sua

---

33 Idem.

34 BECK, Ulrich; GIDDENS, Anthony; LASH, Scott. **Modernização reflexiva**. São Paulo: Unesp, 1997, p. 13.

35 SIRVINSKAS, Luis Paulo. Noções introdutórias da tutela civil e penal do patrimônio genético. In: FIGUEIREDO, José Guilherme Purvin de (Coord.). **Direito ambiental em debate**, v. 1. Rio de Janeiro: Esplanada, 2004, p. 70.

manipulação. Trata-se do meio ambiente genético ou do patrimônio genético.

Já se falou dos diversos elementos que caracterizam a crise ambiental da sociedade de risco, erguida a partir da Revolução Industrial iniciada no século XVII.

Resta claro que a sociedade está diante de uma crise, diante da uma possível falência do sistema de regulação e da promessa não cumprida de segurança científica.[36]

O planeta vive, pois, a decadência do "Estado Desenvolvimentista", quando este encontra seus limites na questão ambiental com recursos findos. Urge, pois, que sejam tomadas medidas no sentido de se implementar o desenvolvimento sustentável.[37]

Sustenta-se, inclusive, que há uma falência do Estado Social como modelo de regulação dos novos problemas ambientais e a quebra da relação de legitimidade entre suas instituições e as promessas de manutenção da segurança dos cidadãos.

Isso leva a sociedade a cogitar um novo modelo de organização estatal, integrando novos elementos ao Estado de Direito, elementos que sejam próximos de dimensões de participação no espaço público.[38]

---

36 MARQUES, Angélica Bauer. A cidadania ambiental e a construção do estado de direito do meio ambiente. In: FERREIRA, Heline Sivini; LEITE, José Rubens Morato (Orgs.). **Estado de direito ambiental: Tendências. Aspectos constitucionais e diagnósticos**. Rio de Janeiro: Forense Universitária, 2004, p. 170.

37 TRENNEPOHL, Curt; TRENNEPOHL, Terence. **Licenciamento ambiental**. 6. ed. São Paulo: Revista dos Tribunais, 2016, p. 36. Durante a Conferência de Estocolmo, em 1972, chegou-se a uma conclusão completamente diferente daquela do Clube de Roma. A solução não era produzir menos, mas produzir melhor. Era necessário produzir sem desperdícios, racionalizando a utilização dos recursos naturais e gerando menos resíduos sólidos, efluentes líquidos e emissões gasosas. Em última análise, era preciso produzir de forma mais limpa. E, para tanto, é imprescindível que a imposição de medidas restritivas do desenvolvimento desordenado dê lugar ao incentivo ao desenvolvimento sustentável.

38 LEITE, José Rubens Morato; AYALA, Patrick de Araújo. **Direito ambiental na sociedade de risco**. Rio de Janeiro: Forense Universitária, 2002, p. 13.

Demais disso, não somente as empresas, mas certamente a população interessada em melhorias ambientais deve participar da gestão dos problemas ambientais, afinal, são dotados de capacidade jurídica e social para tanto.[39]

Lawrence Susskind aponta três sérios obstáculos para a cooperação global em prol do meio ambiente ecologicamente equilibrado.[40]

O primeiro deles é a enorme distância econômica entre as nações norte-sul do globo e as discrepantes fases de desenvolvimento em que elas se encontram.

O segundo problema é de soberania, pois muitos países teriam que supostamente abandonar parcelas significativas de poder a fim de entrar no cenário da proteção do meio ambiente.

E o terceiro é a aparente falta de incentivos para fazer com que algumas nações se incorporem definitivamente ao âmbito das medidas protetivas e de renovação dos recursos naturais.

Porém, a despeito da participação do Estado, é de se realçar, como vem sendo feito ao longo do trabalho, a enorme, senão decisiva, participação do mercado e das empresas nessa mudança de paradigmas.

É imperioso que urgentemente se concretize a ideia de participação da sociedade e da iniciativa privada na gestão dos riscos ambientais. Para tanto, faz-se necessária a obediência aos ditames de regulação do Estado, que tem como finalidade a busca do bem-estar coletivo.

A proteção dos bens ambientais deve ser compreendida como uma tarefa comunitária, cooperativa e de todos, fundada num modelo de distribuição de responsabilidades, e não somente uma tarefa ou incumbência dos agentes do Estado.[41]

---

39 KRELL, Andreas Joachim. **O Município no Brasil e na Alemanha – Direito e Administração Pública comparados**. São Paulo: Oficina Municipal, 2003, p. 93.

40 SUSSKIND, Lawrence E. **Environmental Diplomacy**. New York: Oxford University Press, 1994, p. 18.

41 LEITE, José Rubens Morato; AYALA, Patrick de Araújo. **Direito ambiental na sociedade de risco**. Rio de Janeiro: Forense Universitária, 2002, p. 134.

Para tanto, várias são as formas de participação estatal nas políticas públicas de prevenção, principalmente depois que as nações passaram a trabalhar em cooperação, construindo projetos ambientais, ratificando tratados de preservação, firmando pactos, estabelecendo convenções com efeitos transnacionais, enfim, reconhecendo que o meio ambiente precisa de atuação conjunta, pois não é interesse de uma só nação, mas sim preocupação global.[42]

No Brasil, a Constituição Federal, em seu art. 225, atribui ao Estado o dever de proteção do equilíbrio dos ecossistemas, na preservação e restauração dos processos ecológicos essenciais, no manejo ecológico e na proteção da fauna e da flora.

O fundamento dessa imposição constitucional não está na exclusiva satisfação de interesses e pretensões atuais, mas na função de garantir a conservação e a manutenção da integridade de interesses difusamente potenciais para as futuras gerações.[43]

Esse mesmo artigo 225, da Constituição de 1988, reconhece a existência de uma cidadania ambiental coletiva, na medida em que alicerça a qualidade do bem ambiental e estrutura um sistema de responsabilidade compartilhada (*shared responsibility*),[44] incluindo as presentes e futuras gerações.[45]

---

42 BUCK, Susan J. **Understanding Environmental Administration and Law**. 2. ed. Washington: Island Press, 1996, p. 155.

43 LEITE, José Rubens Morato; AYALA, Patrick de Araújo. **Direito ambiental na sociedade de risco**. Rio de Janeiro: Forense Universitária, 2002, p. 136.

44 Conforme já se mencionou em nota anterior, no site das Nações Unidas (http://www.un.org/millennium/declaration/ares552e.htm), no documento intitulado *United Nations Millennium Declaration*, há uma definição para o termo: *Shared responsibility. The responsibility for managing worldwide economic and social development, as well as threats to international peace and security, must be shared among the nations of the world and should be exercised multilaterally. As the most universal and most representative organization in the world, the United Nations must play the central role.* Acesso em: 10 nov. 2008.

45 LEITE, José Rubens Morato; AYALA, Patrick de Araújo. **Direito ambiental na sociedade de risco**. Rio de Janeiro: Forense Universitária, 2002, p. 136.

Os princípios mais importantes que regem a atuação conjunta dos Estados e das empresas são o da precaução e o da prevenção.

O primeiro tem um âmbito de aplicação mais abrangente que o princípio da prevenção, porque se aplica no momento anterior ao conhecimento, identificação e mensurabilidade do risco.

Este último, ao revés, só se aplica na fase posterior, para evitar que esse risco se converta em dano, dando o risco por assente e pensando na atuação, com o pressuposto da sua verificação e da possibilidade empírica de se converter em dano.[46]

As empresas devem enfrentar os riscos aliadas às políticas estatais, pois atualmente duas delas ganham força: a financeira e a climática.

Os riscos envolvidos podem penalizar ambas as partes, nações e corporações. Se nada for feito, principalmente em conjunto, de nada adiantará, por exemplo, o conhecimento científico adquirido a respeito das mudanças climáticas e sobre o aquecimento global.[47]

Muito além de formas convencionais (financeiras) de gestão de risco, os comerciantes aprenderam a empregar a diversificação para distribuir os seus riscos.[48]

O caminho é encontrar soluções comuns, analisando os riscos da sociedade moderna, adaptando a forma de vida, o consumo e os serviços, aos padrões menos arriscados e poluentes. É necessário adotar, inclusive, transformações nas matrizes energéticas e encontrar respaldo nas fontes de energias renováveis.

Com as políticas públicas corretas, aliadas aos incentivos financeiros, pode-se ter crescimento econômico com baixo nível

---

46 CUNHA, Paulo. A Globalização, a Sociedade de Risco, a Dimensão Preventiva do Direito e o Ambiente. In: FERREIRA, Heline Sivini; LEITE, José Rubens Morato (Orgs.). **Estado de direito ambiental: Tendências. Aspectos constitucionais e diagnósticos**. Rio de Janeiro: Forense Universitária, 2004, p. 116.

47 SACHS, Jeffrey D. **Common Wealth. Economics for a Crowded Planet**. New York: Penguin Press, 2008, p. 83.

48 BERNSTEIN, Paul. **Against the Gods: The Remarkable Story of Risks**. West Sussex: John Wiley & Sons Inc., 1996, p. 93.

de emissões de carbono. A adoção dessas políticas já tem consagração constitucional no Brasil, bem como a aceitação do uso de tributos com matizes ambientais, como, por exemplo, através dos benefícios fiscais na área ambiental.

Essas políticas, portanto, têm que encontrar equilíbrio entre os custos da poluição e os custos de seu controle.

O Estado, seja com a imposição de tributos ou com a concessão de subsídios, pode incrementar políticas públicas de preservação ambiental. Essa prática, surgida na Europa em meados da década de 1980, ganhou novos contornos entre 1989 e 1994, quando fora incorporada à legislação de diversos países, como França, Itália, entre outros tantos.[49]

Com as políticas e os incentivos certos, pode-se garantir que países desenvolvidos e em desenvolvimento contribuam contra o aquecimento global, sem comprometer o bem-estar de seus cidadãos.

As empresas e os empresários com visão mais consciente sabem da importância da atuação conjunta, e essa é uma das razões pelas quais exigem políticas públicas de integração entre a iniciativa pública e privada, para aplacar os riscos de colapsos ambientais, haja vista os problemas e consequências oriundos desses riscos dizerem respeito a todos, indistintamente.[50]

A apreciação dos riscos deve ajudar a mensurar os impactos e minimizar seus efeitos, principalmente quando oriundos de grandes grupos empresariais que contam com diversos fatores de análises ao mesmo tempo, dadas suas enormes dimensões. Daí a necessidade de se conhecer os riscos, identificá-los a tempo, aprender com eles e encontrar solução para o impacto.[51]

---

49 TRENNEPOHL, Terence. **Incentivos fiscais no direito ambiental.** 2. ed. São Paulo: Saraiva, 2011, p. 104.

50 ESTY, Daniel C.; WINSTON, Andrew S. **Green to Gold. How Smart Companies Use Environmental Strategy to Innovate, Create Value, and Build Competitive Advantage.** Revised and updated Edition by John Wiley & Sons, Inc. Hoboken, New Jersey, 2009, p. 281.

51 APGAR, David. **Risk Intelligence. Learning to Manage What We Don't Know.** Massachusetts: Harvard Business School Press, 2006, p. 107.

6.3 A análise do risco ambiental por parte das empresas e do Estado

A atuação indutora da regulação estatal, já se disse, pode se dar de duas maneiras básicas, por direção ou por indução.

Os americanos chamam isso de *law enforcement* (imposição legal) e *voluntary compliance promotion* (conformidade voluntária a lei). As ações de *enforcement* ocorrem no contexto da imposição de requisitos legais por parte das autoridades governamentais, valendo-se de seu aparato estatal. Já as ações de promoção, também podem ser implementadas pelo Estado, valendo-se de incentivos fiscais, programas de treinamento, preferências na obtenção de créditos, enfim, benesses de várias ordens.[52]

Portanto, o Estado atua no domínio econômico, ora como administrador, ora como planificador da economia, fomentando, estimulando, proibindo, desencorajando condutas, por meio de seu poder de polícia, e através de normas legais e regulamentares.[53]

Não há mais dúvida da necessidade da interação das empresas com determinados setores da economia, gerando melhoria na qualidade de vida, inclusão social e desenvolvimento sustentável em diversos níveis, contribuindo com as políticas públicas estatais e com o crescimento dos países.[54]

Para que ocorra a sobredita interação, é preciso que os consumidores de produtos e serviços das empresas interessadas na responsabilidade social saibam, comprovadamente, da qualidade desses produtos e de seu aspecto sustentável, a exemplo das certificações.

---

52 SALES, Rodrigo. **Auditoria ambiental. Aspectos jurídicos**. São Paulo: LTr, 2001, p. 211.

53 CUÉLLAR, Leila. **As agências reguladoras e seu poder normativo**. São Paulo: Dialética, 2001, p. 52.

54 HUSNI, Alexandre. **Empresa socialmente responsável. Uma abordagem jurídica e multidisciplinar.** São Paulo: Quartier Latin, 2007, p. 18.

Essas certificações contribuem para a simetria de informações e modelos de produtos e serviços.[55]

Porém, esse lineamento pode ser dado tanto pelo mercado (facultativamente) quanto pelo Estado (obrigatoriamente).

No segundo caso, geralmente é dado pelas normas constitucionais, exigindo que a empresa também tenha uma função social, exercendo sua atividade observando os preceitos de ordem pública, moralidade, transparência, proteção do consumidor, do meio ambiente, valorização do trabalho e da dignidade da pessoa humana.[56]

Nesse sentido, diversos julgados do Supremo Tribunal Federal deram azo à necessidade da função social da empresa,[57] entenden-

---

55 HUSNI, Alexandre. **Empresa socialmente responsável. Uma abordagem jurídica e multidisciplinar.** São Paulo: Quartier Latin, 2007, p. 35.

56 HUSNI, Alexandre. **Empresa socialmente responsável. Uma abordagem jurídica e multidisciplinar**. São Paulo: Quartier Latin, 2007, p. 73.

57 "EMENTA: AÇÃO DIRETA DE INCONSTITUCIONALIDADE. LEI N. 7.844/92, DO ESTADO DE SÃO PAULO. MEIA ENTRADA ASSEGURADA AOS ESTUDANTES REGULARMENTE MATRICULADOS EM ESTABELECIMENTOS DE ENSINO. INGRESSO EM CASAS DE DIVERSÃO, ESPORTE, CULTURA E LAZER. COMPETÊNCIA CONCORRENTE ENTRE A UNIÃO, ESTADOS-MEMBROS E O DISTRITO FEDERAL PARA LEGISLAR SOBRE DIREITO ECONÔMICO. CONSTITUCIONALIDADE. LIVRE INICIATIVA E ORDEM ECONÔMICA. MERCADO. INTERVENÇÃO DO ESTADO NA ECONOMIA. ARTIGOS 1º, 3º, 170, 205, 208, 215 e 217, § 3º, DA CONSTITUIÇÃO DO BRASIL. 1. É certo que a ordem econômica na Constituição de 1988 define opção por um sistema no qual joga um papel primordial a livre iniciativa. Essa circunstância não legitima, no entanto, a assertiva de que o Estado só intervirá na economia em situações excepcionais. 2. Mais do que simples instrumento de governo, a nossa Constituição enuncia diretrizes, programas e fins a serem realizados pelo Estado e pela sociedade. Postula um plano de ação global normativo para o Estado e para a sociedade, informado pelos preceitos veiculados pelos seus artigos 1º, 3º e 170. 3. A livre iniciativa é expressão de liberdade titulada não apenas pela empresa, mas também pelo trabalho. Por isso a Constituição, ao contemplá-la, cogita também da 'iniciativa do Estado';

do inclusive que a livre iniciativa não será legítima se buscada com objetivo de puro lucro e realização pessoal do empresário.[58]

Esse compromisso com a função social da empresa é o de reinserir a solidariedade social da atividade econômica, assegurando a todos uma existência digna, consoante os ditames da justiça social.[59] E esse papel de direcionar a atuação empresarial incumbe ao Estado.

Diante desse quadro de interação, faz-se mister analisar os riscos, mormente os ambientais, que são onipresentes para o indivíduo e para a sociedade civil, tornando-se um dos fundamentos da política econômica global.[60]

Assim, os riscos assumidos pelas empresas, principalmente em face da globalização e da pseudodesregulação da economia e dos mercados, depois do consenso de Washington, em fins da década de 1990, acentuaram a preocupação das ações conjuntas do Estado com as empresas a fim de minimizar, senão aniquilar, o risco de danos ambientais. Esses riscos importam a possibilidade de grandes ganhos, mas também a caótica situação de enormes perdas.[61]

---

não a privilegia, portanto, como bem pertinente apenas à empresa. 4. Se de um lado a Constituição assegura a livre iniciativa, de outro determina ao Estado a adoção de todas as providências tendentes a garantir o efetivo exercício do direito à educação, à cultura e ao desporto [artigos 23, inciso V, 205, 208, 215 e 217, § 3º, da Constituição]. Na composição entre esses princípios e regras há de ser preservado o interesse da coletividade, interesse público primário. 5. O direito ao acesso à cultura, ao esporte e ao lazer são meios de complementar a formação dos estudantes. 6. Ação direta de inconstitucionalidade julgada improcedente". Por todos v. ADI 1.950/SP, Rel. Min. Eros Grau. Julgamento: 3-11-2005.

58 Op cit., p. 80.

59 Idem, p. 82.

60 VEYRET, Yvette (Org.). **Os Riscos. O homem como agressor e vítima do meio ambiente**. São Paulo: Contexto, 2007, p. 29.

61 VEYRET, Yvette (Org.). **Os Riscos. O homem como agressor e vítima do meio ambiente**. São Paulo: Contexto, 2007, p. 73.

Portanto, a prevenção de riscos é de responsabilidade do Estado através de seus diversos serviços descentralizados, principalmente por ainda pertencer a ele uma arraigada cultura intervencionista, herança das experiências do século passado e da estrutura estatal gerencial da sociedade.

Na verdade, essa atuação de gerenciamento de riscos passou a ser uma exigência do mercado e dos contratos internacionais de comércio, inclusive exigido não somente por instituições particulares, a exemplo de bancos e financiadoras, mas também pelos Estados.[62]

A locação de riscos e o *feedback* do mercado decorrem dessa responsabilização das partes pelos danos ambientais. E esse retorno é sentido tão logo os efeitos dos impactos sejam revelados.

6.4 *Stakeholders* e o *feedback* do mercado (índices de aprovação)

A relação entre o meio ambiente e as práticas comerciais adotadas pelo mercado começaram a ter especial interesse e importância para empresas e autoridades públicas em razão de sua estreita vinculação.[63]

O mercado passou a exigir políticas empresariais em consonância com políticas públicas de preservação e conservação da natureza, sob pena de falência de empresas e insucesso de produtos e serviços.

Com a globalização, a nova forma de Estado não mais corresponde ao clássico, social, interventivo. Surgem necessárias conexões entre Estados e empresas, onde estas últimas, globais, assumem postura de *global players*, influenciando decisivamente o cenário político mundial.[64]

---

62 ENEI, José Virgílio Lopes. Project finance. **Financiamento com foco em empreendimentos (parcerias público-privadas,** leveraged, buy--outs **e outras figuras afins)**. São Paulo: Saraiva, 2007, p. 194.

63 **Business and the Environment: Policy Incentives and Corporate Responses**. OECD, 2007, p. 66.

64 NOGUEIRA, Alberto. **Globalização, regionalizações e tributação. A nova matriz mundial**. Rio de Janeiro: Renovar, 2000, p. 3.

Exemplo de política empresarial bem-sucedida teve a Chevron, gigante do petróleo, pois através de práticas ambientalmente limpas adquiriu boa reputação que lhe deu vantagens competitivas na obtenção de contratos. Especificamente na Noruega, que recentemente abriu concorrência para exploração e desenvolvimento de um campo de petróleo e gás no Mar do Norte, a Chevron participou do certame e ganhou o contrato.[65]

Portanto, a nova geração de empresas e negócios deve estar bastante atenta para as questões ambientais, e para o fato de que a implementação de políticas que incluam o desenvolvimento sustentável fará enorme diferença no mercado.[66]

Principalmente levando-se em conta que esse mercado moderno tomou novo rumo e se alinhou com vocação de *status* planetário, estruturado quase que totalmente a serviço dos grandes conglomerados econômicos, financeiros e industriais.[67]

Exemplos de políticas ambientais bem-sucedidas mostram que os consumidores individuais têm influência coletiva sobre as grandes empresas, ainda que agindo individualmente, em espaços territoriais distantes, porque consomem seus produtos e sabem a quem boicotar, em caso de práticas ambientais abusivas ou, no caso de algum acidente ambiental, a quem atribuir responsabilidade pelo dano.[68]

Jared Diamond, em análise conclusiva, aponta o público consumidor como o principal responsável pelo incentivo ao desenvolvimento de produtos ambientalmente corretos, pois a ele cabe escolher de quais produtos ou serviços pode se valer.

---

65 DIAMOND, Jared. **Colapso – Como as sociedades escolhem o fracasso ou o sucesso**. São Paulo: Record, 2005, p. 537.

66 SPEDDING, Linda S. **Environmental Management for Business**. West Sussex: John Wiley & Sons Ltd., 1996, p. 90.

67 NOGUEIRA, Alberto. **Globalização, regionalizações e tributação. A nova matriz mundial**. Rio de Janeiro: Renovar, 2000, p. 29.

68 DIAMOND, Jared. **Colapso – Como as sociedades escolhem o fracasso ou o sucesso**. São Paulo: Record, 2005, p. 558.

Portanto, para o autor, partindo dessa premissa, as empresas passaram a mudar seu comportamento e oferecer produtos "limpos" e "sustentáveis", que degradam pouco o meio ambiente, a partir do instante em que o público passou a exigi-los.[69]

Demais disso, há empresas que apoiam parte significativa de suas atividades nas opiniões de *stakeholders*, que serão responsáveis pelo *feedback* do mercado através de práticas responsáveis, assumindo iniciativas sustentáveis, gerando resultados satisfatórios nos produtos e serviços que oferecem, e tendo um retorno quase que certo do mercado.[70]

Para tanto, as empresas precisam identificar a ampla gama, e com quem desenvolverão relacionamento profissional a fim de identificar quais as melhores maneiras de trabalhar, quais matérias-primas utilizar, de onde utilizá-las, quais os serviços a serem prestados, enfim, trabalhar com informações no intento de buscar benefícios mútuos.[71]

Portanto, a globalização dos riscos exige uma atuação cada vez mais firme do Estado para controlar, organizar e prever as mudanças do mercado, responsabilizando-se pelos seus resultados, haja vista a "irresponsabilidade" das grandes empresas no que diz respeito às políticas de proteção ao consumidor e ao meio ambiente ecologicamente equilibrado.[72]

---

69 DIAMOND, Jared. **Colapso – Como as sociedades escolhem o fracasso ou o sucesso**. São Paulo: Record, 2005, p. 579.

70 HUSNI, Alexandre. **Empresa socialmente responsável. Uma abordagem jurídica e multidisciplinar**. São Paulo: Quartier Latin, 2007, p. 117.

71 SAVITZ, Andrew W. **A empresa sustentável: O verdadeiro sucesso é lucro com responsabilidade social e ambiental**. Rio de Janeiro: Elsevier, 2007, p. 3.

72 YOSHIDA, Consuelo Yatsuda Moromizato. Os desafios à proteção da saúde e segurança do consumidor na sociedade de risco: o judiciário e a efetividade das tutelas preventivas na ação civil pública. **Revista de Direitos Difusos**, Ano VIII, v. 41, Temas atuais de direito do consumidor (II), jan.-mar. 2007, p. 101.

6.5 Iniciativa privada e regulação: a busca por maiores ganhos

Não há mais espaço no mercado para empresas com pensamento retrógrado, desapegado das aspirações sociais do início do século XXI, ou mesmo de se encarar a economia em seu planejamento estanque, em descompasso com as exigências da responsabilidade social empresarial.

Portanto, ao se inserir princípios ambientais em tratados internacionais e nas demais normas que regulamentam esse comércio, não se pode olvidar os aspectos sociais, históricos, culturais, legais que definem a realidade econômica do mercado.[73]

A cultura empresarial é muito importante nessa transição de paradigmas, existente na sociedade de risco, daí por que uma empresa que se valha de pensamento crítico, aperfeiçoamento, políticas de responsabilidade social empresarial, bem como de instrumentos de tecnologia mais desenvolvidos, como os de sustentabilidade ambiental, sempre estará à frente das empresas tradicionais.[74]

Como o comércio desponta como importante fator de desenvolvimento, ao passo que elimina barreiras que limitam o mercado e a circulação de mercadorias, as empresas transnacionais são as grandes responsáveis pela troca de informações, produtos e serviços nessa nova ordem global.[75]

O mercado, na verdade, não passa de um instrumento, e deve ser utilizado pelo homem para seu próprio proveito, principalmen-

---

73 GONÇALVES, Everton das Neves; STELZER, Joana. *Law and Economics* e o justo direito do comércio internacional. In: BARRAL, Welber; PIMENTEL, Luiz Otávio (Orgs.). **Teoria jurídica e desenvolvimento**. Florianópolis: Fundação Boiteux, 2006, p. 51.

74 HAWKEN, Paul; LOVINS, Amory; LOVINS, L. Hunter. **Capitalismo natural: Criando a próxima revolução industrial**. São Paulo: Cultrix, 2007, p. 63.

75 SEABRA, Fernando; FORMAGGI, Lenina; FLACH, Lisandra. O papel das instituições no desenvolvimento econômico. In: BARRAL, Welber; PIMENTEL, Luiz Otávio (Orgs.). **Teoria jurídica e desenvolvimento**. Florianópolis: Fundação Boiteux, 2006, p. 82.

te na execução de tarefas importantes, como forma de equilíbrio econômico entre países desenvolvidos e em desenvolvimento.[76]

Não se pode perder de vista que os mercados funcionam com menos perfeição do que como deveriam, pois as grandes empresas se valem de subsídios e incentivos para internalizar os custos e externalizar as despesas.

No entanto, essas falhas econômicas são corrigidas pelo Estado, quando ocorrem as falhas de mercado, já devidamente apreciadas.[77]

Assim, muito embora a Constituição Federal de 1988 tenha consagrado a economia de livre mercado, capitalista, numerosas limitações continuam a orientar e condicionar o movimento de apropriação privada dos meios de produção, entendida como livre iniciativa econômica, estabelecendo condições ao processo econômico, no intuito de promover o bem-estar social e a melhoria da qualidade de vida.[78]

Hoje, a ordem ambiental internacional é mais abrangente e não está restrita espacialmente a determinado estado ou território, ou mesmo ligada a uma região específica. A tendência ambiental moderna tem como objetivo comum a proteção intercomunitária dos recursos naturais e dos bens ambientais.

Esse tipo de proteção, baseada na participação de todos os sujeitos políticos na proteção ambiental, pode ser resumida como um compromisso de lealdade ecológica do cidadão, e não como um compromisso de lealdade nacional.[79]

---

76 HAWKEN, Paul; LOVINS, Amory; LOVINS, L. Hunter. **Capitalismo natural: Criando a próxima revolução industrial**. São Paulo: Cultrix, 2007, p. 245.

77 HAWKEN, Paul; LOVINS, Amory; LOVINS, L. Hunter. **Capitalismo natural: Criando a próxima revolução industrial**. São Paulo: Cultrix, 2007, p. 256.

78 CUNHA Jr., Dirley da. **Curso de direito constitucional**. 2. ed. Salvador: JusPodivm, 2008, p. 1063.

79 LEITE, José Rubens Morato; AYALA, Patrick de Araújo. **Direito ambiental na sociedade de risco**. Rio de Janeiro: Forense Universitária, 2002, p. 252.

A intervenção do Estado na regulação da economia envolve três momentos distintos: o primeiro, quando este atua diretamente; o segundo, ao orientar o mercado de forma direta (art. 173 CF/88), indireta (art. 174 CF/88) ou, ainda, através dos monopólios (art. 177 CF/88); e, por fim, com as entidades do terceiro setor.[80]

Demais disso, existem outras formas de regular o mercado através de barreiras, que não sejam as tarifárias e não tarifárias, mas sim técnicas, verdadeiros *standards* e regulamentos técnicos decorrentes do enorme avanço tecnológico na estrutura de produção e circulação.[81]

Exemplo desses *standards* é a previsão de uma nova lei europeia sobre a regulação da madeira importada de países como o Brasil.

A União Europeia anunciou recentemente que quer adotar barreiras não tarifárias para impedir a entrada de madeira ilegal nos países do bloco econômico, provando que os produtos comprados das florestas da Amazônia, África ou Ásia são de origem legal.[82]

Isso porque cerca de 20% da madeira que entra na União Europeia é ilegal, sem origem comprovada. A proposta é pressionar os importadores para que comprem apenas madeira certificada de seus fornecedores nos países emergentes, a exemplo do Brasil.

---

80 CUNHA Jr., Dirley da. **Curso de direito administrativo**. 7. ed. Salvador: JusPodivm, 2009, p. 189. O autor entende que o terceiro setor é aquele "marcado pela presença de entidades da sociedade civil, de natureza privada, sem fins lucrativos, que exercem atividades de interesse social e coletivo e que, por este motivo, recebem incentivos do Estado, que desempenha, em relação a elas, uma atividade de fomento".

81 D'ISEP, Clarissa Ferreira Macedo. **Direito ambiental econômico e a ISO 14000**. São Paulo: Revista dos Tribunais, 2004, p. 149. A exemplo das normas e padronagens que definem gerenciamento, auditoria, análise de ciclo de vida de produtos, conceitos de melhoria contínua, estudos de impacto ambiental etc.

82 O ESTADO DE S. PAULO. **UE quer barrar madeira ilegal**. São Paulo, 20-10-2008.

Esses "padrões" precisam ser cada vez mais atendidos, pois se impõe que haja compatibilidade entre produtos, sistemas, serviços, em face da crescente interdependência dos mercados.[83]

Demais disso, é de se cogitar uma regulação mais satisfatória, como as políticas públicas de alguns Estados começaram a exigir, no sentido de proibir a entrada em seu território de produtos que não ostentem determinadas certificações ou requisitos de fabricação.

Esses *standards* são agrupados pela doutrina em três categorias: a) *standards* voluntários: estabelecidos por indústrias ou grupos privados a fim de uniformizar procedimento e estabelecer padrões entre corporações relacionadas ao setor comercial; b) *standards* mandatórios: impostos pelos Estados em nível nacional, por meio de normas jurídicas e padrões administrativos; e c) *standards* híbridos: inicialmente desenvolvidos pela iniciativa privada, mas, ao depois, incorporados pelo Estado regulador.[84]

Diga-se de passagem, diante dos enormes valores que são movimentados pelas empresas transnacionais, alguns autores entendem possível dizer, em alguns aspectos, que o mercado é um ambiente quase anárquico, sem regulação estatal, devido ao suposto enfraquecimento da capacidade dos Estados intervirem em suas economias internas, diante do fortalecimento e do avanço do capital dos grandes grupos e empresas transnacionais.[85]

Porém, assim de todo não o é, ainda cabendo ao Estado, mesmo que em blocos econômicos ou mercados comuns, enorme papel na regulação da economia, mesmo que em seu balizamento legal mínimo, levando em conta os principais interesses da sociedade.

---

83 OLIVEIRA, Silvia Menicucci de. **Barreiras não tarifárias no comércio internacional e direito ao desenvolvimento**. Rio de Janeiro: Renovar, 2005, p. 277.

84 OLIVEIRA, Silvia Menicucci de. **Barreiras não tarifárias no comércio internacional e direito ao desenvolvimento**. Rio de Janeiro: Renovar, 2005, p. 278.

85 Cf. RÉGIS, André. **Intervenções nem sempre humanitárias: O realismo das relações internacionais**. João Pessoa: Editora Universitária/UFPB, 2006, p. 102.

Pensando dessa forma, é de se comungar com o pensamento de que o Estado passa de agente principal na economia para agente indutor, pois há uma gradativa mutação de suas funções e de seu conceito clássico, a exemplo da soberania e de suas fronteiras.

A primeira, cedendo espaço para uma sociedade civil mais consciente e eclética, enquanto consumidora de produtos globais; e a segunda, em face da queda das barreiras territoriais, pelo avanço do capitalismo.[86]

A preocupação das empresas responsáveis, nesse início de século, é que as externalidades de seus produtos sejam minimizadas e não repercutam negativamente.

O direito ambiental deve ser aplicado em consonância com os demais ramos do direito, dada sua enorme interdisciplinaridade, para tanto, as externalidades de inúmeros produtos devem ser colocados nos preços dos produtos e serviços, para que os produtores mais poluentes e os consumidores menos conscientes arquem com a recuperação da degradação ambiental.[87]

Isso, pois, tudo que resultar em perda para o meio ambiente e para as camadas sociais resultantes dos produtos oriundos dessas empresas, sendo consideradas externalidades, trarão malefícios para a empresa.[88]

Se todas as externalidades ambientais de produtos, serviços e processos de produção fossem internalizadas, seriam mais dispendiosos para as empresas, o que geraria, forçadamente, a adoção de medidas ambientalmente corretas, tendentes a minimizar esses custos.[89]

---

86 DANTAS, Ivo. **Direito constitucional econômico. Globalização e constitucionalismo.** Curitiba: Juruá, 2005, p. 127.

87 GRIZZI, Ana Luci Limonta Esteves. **Direito ambiental aplicado aos contratos.** Porto Alegre: Verbo Jurídico, 2008, p. 65.

88 BAKAN, Joel. **A corporação. A busca patológica por lucro e poder.** São Paulo: Novo Conceito Editora, 2008, p. 72.

89 RASBAND, James; SALZMAN, James; SQUILLACE, Mark. **Natural Resources, Law and Policy.** New York: Foundation Press, 2004, p. 43.

A redução de custos é uma necessidade, principalmente para grandes empresas, conglomerados econômicos e financeiros, que espraiam sua atuação em todo o cenário global, a exemplo da escolha de países com baixa tributação, para exercer suas atividades, associadas às condições técnicas e econômicas favoráveis, todas aliadas ao mercado planificado.[90]

Portanto, o aumento do número de empresas com preocupações não somente ambientais, mas também sociais *lato sensu*, é marcante neste início de século, principalmente levando em conta a proliferação de informações via internet e a enorme necessidade de se eleger prioridades de proteção diante dos problemas ambientais mais recentes, como aquecimento global, derretimento de geleiras, aumento da temperatura da terra, enfim, inúmeros problemas que ensejam e justificam dizer que se está diante de uma sociedade de risco como nunca antes visto pelo ser humano.

Importa, pois, atuação conjunta do Estado, da sociedade civil organizada, das empresas privadas e de toda a coletividade a fim de evitar que a situação se torne cada vez pior e, quiçá, irreversível.

---

90 BIFANO, Elidie Palma; CARVALHO, Cassius Vinicius de. Soberania e globalização. In: SANTI, Eurico Marcos Diniz de; ZILVETI, Fernando Aurélio (Coord.). **Direito tributário: Tributação internacional**. São Paulo: Saraiva, 2007, p. 74.

CAPÍTULO 7
Empresas sustentáveis

7.1 Elementos do mercado como definidores do padrão ambiental

Assuntos como a defesa do meio ambiente, também a sociedade de risco, o desenvolvimento econômico e a sustentabilidade são temas que transcenderam o século XX e chegam ao atual com bastante força e necessidade de reflexão.

Porém, é de se ressaltar que a precaução, enquanto princípio norteador das atividades que envolvam risco, não deve ser exacerbado, pois isso seria tão nocivo quanto os excessos, enrijecendo o desenvolvimento e paralisando o próprio mercado global pujante.[1]

Diante da aproximação dos mercados e da facilidade de circulação de produtos, novos imperativos, conceitos e oportunidades se fizeram presentes para a cooperação internacional, mormente no âmbito das relações de comércio.[2]

Os problemas ambientais não se reduzem à poluição decorrente da industrialização, mas sim, abrangem uma complexa esfera de atividades que nos levam às constantes situações de risco. Enfim, não é à toa que o atual estágio da sociedade moderna tem essa alcunha.

---

1 FREITAS, Juarez. Responsabilidade civil do Estado e o princípio da proporcionalidade: Vedação ao excesso e de inoperância. In: FREITAS, Juarez (Org.). **Responsabilidade civil do Estado**. São Paulo: Malheiros, 2006, p. 190.

2 OLIVEIRA, Silvia Menicucci de. **Barreiras não tarifárias no comércio internacional e direito ao desenvolvimento**. Rio de Janeiro: Renovar, 2005, p. 566.

Nesse contexto de risco e de um suposto enfraquecimento do Estado regulador, muitas vezes o próprio mercado será o definidor do padrão ambiental a ser seguido em larga escala.

Não há dúvida de que a *performance* ambiental e algumas iniciativas específicas darão, num futuro não muito distante, enorme vantagem competitiva.[3]

A implantação de sistemas de gestão ambiental nas empresas, em todos os aspectos dos negócios, será um pré-requisito para o sucesso no mercado.[4]

A Sony Ericsson, por exemplo, *joint venture* da companhia japonesa com a sueca na área de aparelhos celulares, foi a empresa mais bem colocada no *ranking* divulgado pela WWF (*World Wildlife Fund*), organização ambiental internacional, que classifica as marcas de tecnologias mais preocupadas com as questões ambientais.

Entre os critérios avaliados, estava a emissão de produtos químicos tóxicos e os cuidados com a coleta de partes e peças.[5]

A responsabilidade social, portanto, é uma necessidade das grandes empresas, até mesmo porque não há escolha. A opinião pública, e diversas pesquisas dão conta disso, exige uma atuação responsável das empresas, principalmente daquelas que realizam exploração e extração direta de recursos naturais.[6]

Mas não somente a opinião pública é responsável por essas exigências, como também, e principalmente, a legislação dos Estados, tais quais as de proteção do meio ambiente, de proibição do

---

3 ESTY, Daniel C.; WINSTON, Andrew S. **Green to Gold. How Smart Companies Use Environmental Strategy to Innovate, Create Value, and Build Competitive Advantage**. Revised and updated Edition by John Wiley & Sons, Inc. Hoboken, New Jersey, 2009, p. 281.

4 SPEDDING, Linda S. **Environmental Management for Business**. West Sussex: John Wiley & Sons Ltd., 1996, p. 92.

5 CORREIO BRAZILIENSE. **Onda verde**. Distrito Federal, 29-7-2008.

6 BAKAN, Joel. **A corporação. A busca patológica por lucro e poder**. São Paulo: Novo Conceito Editora, 2008, p. 174.

trabalho escravo, de respeito aos consumidores, e de proteção da livre iniciativa e ampla concorrência.[7]

Essa legislação de regência da responsabilidade social das empresas exige um comportamento responsável das corporações, pois tem como finalidade garantir e promover os interesses sociais da população, protegendo os participantes do Estado, seja ele desenvolvido ou não, das más ações das empresas e do mercado, marcadamente egoísta e com a precípua finalidade do lucro.[8]

O fato de a empresa atentar para a responsabilidade social teve enorme ampliação em face da discussão da função social da propriedade e do papel da ética comportamental na economia e no mercado moderno, inclusive como estratégia de negócios.[9]

Nesse contexto se situa a sustentabilidade ambiental, necessária para as presentes e futuras gerações, pois a economia tem que lidar com dois conceitos de tempo, o atual e o vindouro, como faz a Constituição Federal no Brasil, art. 225, e diversos outros textos de países democráticos da modernidade.[10]

Ignacy Sachs popularizou o conceito de uma política socialmente includente, capaz de acabar com a exclusão social através da distribuição de riquezas e a conservação e garantia dos recursos

---

7 WAISBERG, Ivo. **Direito e política da concorrência para os países em desenvolvimento**. São Paulo: Aduaneiras, 2006, p. 20.

8 BAKAN, Joel. **A corporação. A busca patológica por lucro e poder**. São Paulo: Novo Conceito Editora, 2008, p. 181.

9 ARAÚJO, Gisele Ferreira de. A responsabilidade social empresarial (RSE) e o desenvolvimento sustentável no contexto do moderno direito regulatório – iminência de um instituto jurídico? In: SOUZA, Carlos Aurélio Mota de (Org.). **Responsabilidade social das empresas**. São Paulo: Juarez de Oliveira, 2007, p. 112.

10 A Constituição de 1988 inovou, superando, inclusive, as Constituições estrangeiras mais recentes, como da Bulgária, da Rússia, de Portugal e da Espanha, no que concerne à proteção ambiental, erigindo ao patamar constitucional um tema ainda pouco difundido na doutrina e jurisprudência nacional. Cf. TRENNEPOHL, Terence. **Direito ambiental**. 5. ed. São Paulo: Saraiva, 2010, p. 85.

naturais para esta e as futuras gerações. Na opinião de Sachs, o problema do crescimento não pode ser tratado apenas sob a ótica quantitativa, isto é, a opção não se resume a crescer ou não crescer, mas sim em como crescer, na qualidade desse crescimento. Para isso, seus trabalhos tratam das estratégias para harmonizar o desenvolvimento socioeconômico com a gestão ambiental.[11]

Essa ideia de crescimento pressupõe a adoção do conceito conhecido como *desenvolvimento sustentável*, sendo um dos pilares sobre os quais se tenta ordenar a questão ambiental global.

7.2 Empresa "sustentável" ou "ambientalmente correta"

O mercado global já não comporta com facilidade as políticas de exploração das grandes empresas quando não estão em sintonia com as aspirações ambientais desse início de século, ou seja, com a responsabilidade social empresarial dentre seus objetivos de integração.

A crise ecológica é uma crise institucional da sociedade industrial e não simples problema ambiental. Os riscos gerados por essa nova fase industrial somente dizem o que não deve ser feito, mas não apontam o que se deve fazer.[12]

O que está em jogo na sociedade industrial não é somente uma redefinição das áreas de responsabilidade governamental, como em tempos mais distantes, mas sim a questão relativa às tarefas primárias do Estado, de primeira necessidade. Assim, a política reflexiva não significa apenas a invenção; significa o desaparecimento do político.[13]

O globalismo ambiental refere-se a um "direito de ambiente mundial", uma responsabilidade global (tanto dos Estados,

---

11 TRENNEPOHL, Curt; TRENNEPOHL, Terence. **Licenciamento ambiental**. 9. ed. São Paulo: Revista dos Tribunais, 2022, p. 46.

12 BECK, Ulrich; GIDDENS, Anthony; LASH, Scott. **Modernização reflexiva**. São Paulo: Unesp, 1997, p. 20-21.

13 BECK, Ulrich; GIDDENS, Anthony; LASH, Scott. **Modernização reflexiva**. São Paulo: Unesp, 1997, p. 55.

quanto das ONG's e da sociedade civil) e não deve ser tratada de forma isolada.

Para a construção do Estado Constitucional Ecológico faz-se imprescindível uma *Concepção Integrada/Integrativa* do meio ambiente, onde há a necessidade de uma proteção global e sistemática que não se reduz à defesa isolada dos componentes ambientais naturais e humanos. Requer, ainda, uma compreensão multitemática dos direitos e interesses envolvidos (ambientais x urbanísticos). Isso acarreta uma necessidade de compatibilização dos instrumentos cooperativos (jurídicos).

Ultrapassadas as discussões da individualidade de um direito fundamental ao ambiente, fala-se em um comutarismo ambiental ou comunidade com responsabilidade ambiental, baseada na participação ativa do cidadão na defesa do ambiente.

O dever fundamental ecológico (proteção ao ambiente) radicará na ideia de responsabilidade/conduta que pressupõe um imperativo categórico ambiental: *"Age de forma a que os resultados da tua ação que usufrui os bens ambientais não sejam destruidores destes bens por parte de outras pessoas da tua e das gerações futuras"*.[14]

O cenário global exige, pois, uma política global, não somente estatal, pressupondo cooperação entre Estados, empresas e cidadãos, numa democracia ambiental não discriminatória, com atuações preventivas dos riscos ambientais.[15]

Para a construção de um Estado Constitucional Ecológico devem-se levar em consideração as características de cada região, como seu desenvolvimento econômico e social, pois neutralizar as estruturas jurídicas já existentes, através de planos ambientalmen-

---

14 CANOTILHO, José Joaquim Gomes. Estado constitucional ecológico e democracia sustentada. In: FERREIRA, Heline Sivini; LEITE, José Rubens Morato (Orgs.). **Estado de direito ambiental: Tendências. Aspectos constitucionais e diagnósticos**. Rio de Janeiro: Forense Universitária, 2004, p. 10.

15 LEITE, José Rubens Morato; AYALA, Patrick de Araújo. **Direito ambiental na sociedade de risco**. Rio de Janeiro: Forense Universitária, 2002, p. 256.

te dirigidos, pode acarretar sérios problemas na relação cidadão--Administração.[16]

A participação dos *global players*, ou seja, aquelas empresas (ou profissionais) que sabem atuar em todos os mercados, em toda parte, com extrema facilidade, sem sequer sair do lugar, é de extrema importância no rumo da globalização.[17]

Não cabe aqui indagar se a responsabilidade social da empresa é um meio de atingir objetivos comerciais, mas sim se ela efetivamente traz resultados para a coletividade.

Seja com qual objetivo for, o importante é que os resultados obtidos sejam atingidos em prol de mercado ou em razão da vocação excepcional para colaborar com o Estado.[18]

Portanto, as empresas têm, cada vez com mais vigor, que adotar conceitos de sustentabilidade empresarial, no intento de atender às expectativas dos consumidores e de parte da população que não tem no Estado a prestação de seus serviços ambientalmente dirigidos.

A empresa sustentável do início desse século é aquela que tem atuação proativa e atende não só aos requisitos estatais de funcionamento, mas vai além, se sobrepondo às exigências convencionais e inovando, participando do processo de sustentabilidade dos recursos naturais.[19]

---

16 CANOTILHO, José Joaquim Gomes. Estado constitucional ecológico e democracia sustentada. In: FERREIRA, Heline Sivini; LEITE, José Rubens Morato (Orgs.). **Estado de direito ambiental: Tendências. Aspectos constitucionais e diagnósticos**. Rio de Janeiro: Forense Universitária, 2004, p. 13.

17 NOGUEIRA, Alberto. **Globalização, regionalizações e tributação. A nova matriz mundial**. Rio de Janeiro: Renovar, 2000, p. 42. O autor adiciona que, no lugar das figuras tradicionais, como agricultores, comerciantes, industriais, banqueiros, artífices etc., emerge a figura do *global player*, preparado para o mercado atual, que vive em constante evolução.

18 HUSNI, Alexandre. **Empresa socialmente responsável. Uma abordagem jurídica e multidisciplinar**. São Paulo: Quartier Latin, 2007, p. 89.

19 ALMEIDA, Fernando. **Os desafios da sustentabilidade. Uma ruptura urgente**. Rio de Janeiro: Elsevier, 2007, p. 94.

Essa atitude de envidar esforços em políticas de responsabilidade social agrega valor à marca e à empresa e faz com que sua aceitação social seja mais ampla, seguindo a orientação do mercado global.

A pressão crescente que as empresas estão sofrendo em relação às questões ambientais é fruto do consumo e do mercado. Tanto os acionistas quanto o público em geral estão exigindo cada vez mais a adoção de práticas ambientais mais responsáveis, bem como a tendência dos órgãos de regulação apontam na direção de uma maior rigidez nas regras jurídicas.

De fato, já não é fora de propósito desconsiderar a responsabilidade social corporativa como nova maneira de geração de rendas, seja criando novos produtos ambientalmente corretos, ou adaptando os já existentes às técnicas menos poluentes.

E essa empresa parece ser a que melhor atende aos interesses ambientais e sociais do século que se inicia e da onda de desenvolvimento que se avizinha, cada vez com mais velocidade.

Vários indicadores mostram o quão sustentável uma empresa pode ser, mas adotou-se a opção de analisar dois deles, o Índice BOVESPA e o DOW JONES de sustentabilidade, pois retratam companhias que têm alto grau de comprometimento com sustentabilidade e responsabilidade social.

Com essa avaliação dos papéis negociáveis em Bolsa de Valores, as empresas precisam mostrar que não somente são viáveis economicamente, mas também precisam de uma licença da sociedade para operar com responsabilidade socioambiental.

7.3 Índice de Sustentabilidade Empresarial (ISE/Bovespa) e Índices *Dow Jones* de Sustentabilidade (DJSI)

A responsabilidade social das empresas pode ser avaliada de diversas formas. Primou-se aqui por aquelas mais em voga, que são as análises econômicas de cotação em bolsa.

É importante mencionar que existem vários índices de sustentabilidade empresarial apurados em bolsas de valores, a exemplo do *ASPI Eurozone (Advanced Sustainable Performance Index)* e do índice *Dow Jones* de Sustentabilidade (*DJSGI – Dow Jones Sustainability*

Group Index), que são índices de cotação de empresas orientadas sustentavelmente.[20]

Esses Índices, muito embora reflitam uma necessidade de adequação das empresas a conceitos de sustentabilidade e ensejem maior responsabilidade social, não são exigíveis por imposição legal, mas sim por conveniência do mercado.

Os Índices de Sustentabilidade *Dow Jones* (*Dow Jones Sustainability Indexes – DJSI*) foram lançados em setembro de 1999 e são os primeiros índices de monitoramento do desempenho financeiro de empresas mundiais voltadas para a sustentabilidade. Tal monitoramento acontece, dentre outros, através dos seguintes índices: Mundial (*DJSI World*); Europeu (*DJSI Euro STOXX*) e Norte-americano (*DJSI North America*).[21]

O Índice Mundial considera apenas uma parcela das 2.500 maiores companhias nos critérios econômicos, ambientais e sociais do índice *Dow Jones*. O Índice Europeu, por sua vez, refere-se ao desempenho financeiro dos líderes em sustentabilidade nessa região. Esse índice começou a ser publicado em 2001. Por fim, o índice Norte-americano diz respeito a 20% das empresas que lideram em sustentabilidade dentre as 600 maiores da América do Norte presentes no índice *Dow Jones*.

Em setembro de 2008 foi publicada a Revisão Anual do Índice *Dow Jones* de Sustentabilidade, baseando-se em uma avaliação do desempenho econômico, social e ambiental das empresas a partir da análise de aspectos como gestão de riscos, mitigação das mudanças climáticas, padrões de abastecimento, práticas laborais, entre outros.

Empresas como Adidas, BMW, Intel, Investimentos Itaú, Swiss Re Seguradora compõem o *ranking* das 19 superempresas do DJSI.

---

20 ARAÚJO, Gisele Ferreira de. A responsabilidade social empresarial (RSE) e o desenvolvimento sustentável no contexto do moderno direito regulatório – iminência de um instituto jurídico? In: SOUZA, Carlos Aurélio Mota de (Org.). **Responsabilidade social das empresas**. São Paulo: Juarez de Oliveira, 2007, p. 124.

21 Para mais informações sobre o índice acesse http://www.sustainability-index.com/.

Muitas companhias têm, inclusive, definido como meta empresarial passar a fazer parte dos Índices de Sustentabilidade *Dow Jones*.[22]

De acordo com Alexander Barkawi, desde que os índices *Dow Jones* de Sustentabilidade foram lançados houve uma contínua melhora no quesito sustentabilidade no setor empresarial. É certo que muito ainda precisa ser realizado, mas pode-se perceber que, atualmente, as grandes empresas estão integrando a sustentabilidade na sua atividade.[23]

Em 1º de dezembro de 2005, a Bovespa – Bolsa de Valores do Estado de São Paulo, criou o Índice de Sustentabilidade Empresarial (ISE/Bovespa), com metodologia da Fundação Getúlio Vargas e apoio financeiro do *International Finance Corporation* (IFC) para calcular o índice e selecionar as empresas que dele fazem parte.[24]

Esse "selo" de sustentabilidade conta com a participação de várias empresas de grande porte – multinacionais – e se assemelha ao *Dow Jones Sustainability*, da Bolsa de Nova York.[25]

A intenção era partir de uma visão utilitarista para aliar o desenvolvimento econômico à sustentabilidade de algumas empresas.[26]

São, então, selecionadas as ações de empresas que se destacam em responsabilidade social e ambiental. A elaboração dos critérios de seleção das empresas conta com a participação dos *stakeholders*.

---

22 *Results of Dow Jones Sustainability Indexes Review*. Disponível em: http://www.sustainabilityindex.com/djsi_pdf/news/PressReleases/SAM_Press Releases_080904_Review08.pdf. Acesso em: 10 nov. 2008.

23 Alexander Barkawi é diretor administrativo dos índices SAM, o qual possui uma parceria com os Índices *Dow Jones*. *Results of Dow Jones Sustainability Indexes Review*. Disponível em: http://www.sustainabilityindex.com/djsi_pdf/news/PressReleases/SAM_PressReleases_080904_Review08.pdf. Acesso em: 10 nov. 2008.

24 HUSNI, Alexandre. **Empresa socialmente responsável. Uma abordagem jurídica e multidisciplinar**. São Paulo: Quartier Latin, 2007, p. 121.

25 http://www.sustainability-index.com. Acesso em: 10 nov. 2008.

26 SAVITZ, Andrew W. **A empresa sustentável: O verdadeiro sucesso é lucro com responsabilidade social e ambiental**. Rio de Janeiro: Elsevier, 2007, p. 79.

O índice *Dow Jones Sustainability* destaca as empresas comprometidas com o desenvolvimento sustentável.

Tem se mostrado uma tendência mundial dos investidores, no momento da aplicação dos seus recursos, a procura por empresas que sejam socialmente responsáveis.

Segundo o Relatório sobre as tendências de investimentos socialmente responsáveis nos Estados Unidos pode-se afirmar que os Investimentos Socialmente Responsáveis (*Socially Responsible Investing – SRI*) estão crescendo rapidamente e, aproximadamente, um em cada nove dólares investidos no país está envolvido com os SRI. Tais investimentos cresceram mais de 300% de 1995 a 2007, contabilizando US$ 639 bilhões quando da elaboração do primeiro relatório e alcançando mais de US$ 2,7 trilhões em pouco mais de dez anos.[27]

O Relatório segue afirmando que o crescimento dos investimentos em SRI são decorrentes de alguns fatores, dentre eles o fato de gestores financeiros incorporarem, cada vez mais, aspectos sociais e ambientais nos seus investimentos e a crescente procura por oportunidades de aplicações financeiras em tecnologias limpas, energia alternativa e renovável, construção verde (*green building*) e outros negócios relacionados com a questão ambiental.

Os SRI integram os critérios financeiros, sociais e ambientais no processo de análise de elegibilidade de uma empresa como opção para um investimento com ênfase no desenvolvimento sustentável.

O conceito de SRI está relacionado com a ideia de responsabilidade social da empresa e desenvolvimento sustentável. No entanto, os SRI extrapolam o âmbito interno da empresa e levam os princípios de desenvolvimento sustentável para as decisões financeiras, desempenhando um papel central na seleção de investimentos.[28]

---

27 *Report on Socially Responsible Investing Trends in the United States – 2007.* Disponível em: http://www.socialinvest.org. Acesso em: 15 nov. 2008.

28 STEURER, Reinhard; MARGULA, Sharon; MARTINUZZI, André. **Socially Responsible Investment in EU Member States: Overview of government initiatives and SRI experts' expectations towards**

De acordo com Steurer, Margula e Martinuzzi, pode-se perceber que até o momento os governos na União Europeia têm se mostrado muito mais como seguidores do que líderes no desenvolvimento de SRI. Essa conclusão é baseada no fato de existirem relativamente poucas iniciativas governamentais nesse setor e que os governos têm se mostrado hesitantes em atender ao chamado dos praticantes de SRI.[29]

A proposta que se deve ter em mente é fazer com que o direito regulatório seja instrumental para construção de conceitos sustentáveis, limites mínimos de sustentabilidade.

Assim, a legislação de cada Estado, ou bloco de Estados, deve prever, em seu arcabouço regulatório, mecanismos de controle (abstratos e indiretos) e normas jurídicas que reforcem o desenvolvimento ambiental do sistema econômico.[30]

Os Fundos Verdes (*The Green Funds Scheme*) criados na Holanda estão voltados para a promoção de "investimentos verdes" através da concessão de incentivos e isenções fiscais em algumas áreas como energia eólica e agricultura orgânica, destacando o fato que tais investimentos são rentáveis tanto para os investidores quanto para o meio ambiente.[31]

---

governments. Vienna University of Economics and Business Administration. Research Institute for Managing Sustainability, April 2008, p. 7.

29 STEURER, Reinhard; MARGULA, Sharon; MARTINUZZI, André. **Socially Responsible Investment in EU Member States: Overview of government initiatives and SRI experts' expectations towards governments**. Vienna University of Economics and Business Administration. Research Institute for Managing Sustainability, April 2008, p. 5.

30 ARAÚJO, Gisele Ferreira de. A responsabilidade social empresarial (RSE) e o desenvolvimento sustentável no contexto do moderno direito regulatório – iminência de um instituto jurídico? In: SOUZA, Carlos Aurélio Mota de (Org.). **Responsabilidade social das empresas**. São Paulo: Juarez de Oliveira, 2007, p. 128.

31 STEURER, Reinhard; MARGULA, Sharon; MARTINUZZI, André. **Socially Responsible Investment in EU Member States: Overview of government initiatives and SRI experts' expectations towards governments**. Vienna University of Economics and Business Administration. Research Institute for Managing Sustainability, April 2008, p. 40.

Apesar do número de iniciativas governamentais no âmbito de SRI ser limitado na União Europeia e ser uma das áreas de políticas públicas menos desenvolvidas, as iniciativas são significativas em termos qualitativos e abrangem mais de uma dimensão do desenvolvimento sustentável.[32]

Essa crescente necessidade de interação das empresas com setores específicos da economia são as novas cores dadas pelo mercado, neste cenário globalizado, quando em discussão a melhoria na qualidade de vida e o desenvolvimento sustentável.[33]

Ao longo do tempo vem aumentando sensivelmente a participação da iniciativa privada na condução de políticas públicas, seja através de meras doações (nos moldes da patrocinada por Warren Buffet à entidade filantrópica de Bill Gates), seja por meio de ações que direcionem comportamentos e induzam iniciativas (como o uso de materiais reciclados por empresas do segmento de celulose).

O Estado planeja suas políticas de desenvolvimento e de preservação ambiental. O correto seria dar às empresas – àquelas que se adaptassem às políticas públicas menos poluentes ou menos agressivas, pela via dos produtos, bens e/ou serviços comercializados, um prêmio, uma contrapartida proveitosa. Ao menos assim seria o mais sensato.

Como essa prática é pouco adotada – basta mencionar os poucos incentivos fiscais dados às entidades que promovem ações integradas de melhoria da qualidade de seus produtos ou serviços, partiu-se para o mercado (leia-se consumidor) em busca do *feedback* necessário para reger as diretrizes empresariais e saber a maneira mais lucrativa que estivesse em consonância com padrões mínimos de dignidade para o ser humano.

---

32 STEURER, Reinhard; MARGULA, Sharon; MARTINUZZI, André. **Socially Responsible Investment in EU Member States: Overview of government initiatives and SRI experts' expectations towards governments**. Vienna University of Economics and Business Administration. Research Institute for Managing Sustainability, April 2008, p. 5.

33 LONDON, Caroline. **Environment et Instruments Économiques et Fiscaux**. Paris: Librairie Générale de Droit e Jurisprudence, 2001, p. 21.

Nesse contexto, desempenha um papel fundamental a figura dos *stakeholders*, que em seu viés empresarial significa a integração dos agentes internos e externos que se relacionam com a empresa, sejam eles empregados, consumidores, fornecedores, sócios, imprensa, enfim, o que puder dar um retorno – positivo ou negativo – às atividades por ela desenvolvidas.

Evidentemente que o papel das empresas não é o de suprir ou mesmo usurpar as funções do Estado, na sua função primária, mas sim o de fomentar e manter uma imagem exigida pelo mercado – diga-se de passagem, em face dos *stakeholders* – para atingir objetivos mais amplos.

Esse lineamento da atividade empresarial, ao exigir da iniciativa privada a adaptação a alguns ícones de proteção (do homem e da natureza), está na Constituição Federal, ao tratar da Ordem Econômica e Social (art. 170).

Não bastasse isso, conquanto insculpido na Constituição Federal, a própria ideia de lucro passa pelo contexto ambiental. A valorização do meio ambiente e da proteção do homem atinge patamares altíssimos nas pesquisas de opinião sobre as melhores empresas e os produtos mais aceitos.

Registre-se que o índice *Dow Jones* de Sustentabilidade revela uma valorização de 20% para 318 empresas que fazem parte da seleta lista de empresas sustentáveis, quando comparadas às empresas tradicionais, atestadas pela Bolsa de Valores.[34]

Quando a empresa extravasa seu objeto social e busca atuar também na melhoria da qualidade de vida e do desenvolvimento sustentável, a função social da empresa está plenamente atingida e sua imagem amplamente divulgada, como sinônimo de "empresa sustentável" e "empresa ambientalmente correta".

De fato, o desenvolvimento importou alteração de paradigmas de exploração e desencadeou um processo de remodelagem da estrutura econômica, atentando contra os ditames de preservação e cuidados ambientais. O revés, advindo da legislação nacional e

---

34 ALMEIDA, Fernando. **Os desafios da sustentabilidade. Uma ruptura urgente.** Rio de Janeiro: Elsevier, 2007, p. 100.

internacional, deu conta de contrabalancear essas iniciativas, em prol da natureza.

Certamente que ainda é cedo para aferir se será suficiente a atuação das empresas diante do atual cenário de instabilidade ambiental.

O certo é que a iniciativa privada está tomando as rédeas, juntamente ao Estado, para que haja uma condução de políticas públicas pertencentes à coletividade, com vistas ao bem-estar social, independentemente do *animus* nisso envolvido.

Saber se essa movimentação econômica dos grandes grupos comerciais e corporações é imbuída de boa vontade ou firmada em meros interesses de mercado, é algo que não diz respeito à regulação estatal.

Ao Estado cabe dirigir a economia e conduzi-la no sentido de tirar proveito para o maior número de interessados, que é sua função maior. Às empresas sempre caberá a tomada de decisões que mais interessem aos seus objetivos privados.

Porém, se ambos os segmentos encontrarem um denominador comum, centrado na preservação do meio ambiente, o importante é que algo estará sendo feito, e caracterizar-se-á como um novel paliativo apontando para o século XXI.

7.4 Certificações internacionais de produtos e serviços. Alguns exemplos paraestatais: o FSC (*Forest Stewardship Council*), o LEED (*Leadership in Energy and Environmental Design*)[35] e a ISO (*International Organization for Standardization*)

A globalização e a "institucionalização" das relações internacionais promoveram uma integração de mercados sem precedentes ao longo do século XX, sob os auspícios de um conjunto de normas de regulação, de cunho liberal, fiscalizados por órgãos internacionais, a exemplo da Organização Mundial do Comércio – OMC.

---

35 ESTY, Daniel C.; WINSTON, Andrew S. **Green to Gold. How Smart Companies Use Environmental Strategy to Innovate, Create Value, and Build Competitive Advantage**. Revised and updated Edition by John Wiley & Sons, Inc. Hoboken, New Jersey, 2009, p. 201.

Para se ingressar no mercado, e no cenário econômico internacional, os países devem levar em conta não somente a tributação como fator impeditivo de comércio, mas também, principalmente, as quase imperceptíveis barreiras não tarifárias que cercam determinados produtos.

Em 1947 nascia o *General Agreement on Tariffs and Trade* (GATT), com a finalidade de estimular o comércio por meio da redução, quiçá, eliminação de barreiras comerciais e tarifas alfandegárias.

Dessa forma, o GATT acabou sendo o principal meio de intensificar o fluxo econômico de bens industrializados no comércio internacional. Essa liberalização ocorreu pelo desmantelamento sucessivo das proteções alfandegárias em diversas rodadas de negociação.

Essa multifacetada experiência, que deu ensejo à implantação de ideias para viabilizar a abertura econômica, teve seu nascedouro em Bretton Woods, em 1947 e no Acordo Geral sobre Tarifas e Comércio (GATT), logo depois.[36]

Na verdade, algumas soluções e princípios sugeridos pelas convenções e tratados internacionais tendem a remediar as deficiências encontradas na regulação do comércio mundial.[37]

Em 1992, a União Europeia (*EU Ecolabelling Scheme*) editou a Regulação 880/92, prevendo que as indústrias que a ela aderissem, fizessem produtos menos poluentes e que informassem aos seus consumidores sobre o impacto do produto que estavam adquirindo.[38]

Essa Regulação continha disposições no sentido de determinar que as empresas informassem todo o "ciclo do produto", a fim de mostrar seu impacto para o meio ambiente.

---

36 AMARAL JUNIOR, Alberto do. **A solução de controvérsias na OMC**. São Paulo: Atlas, 2008, p. 18.

37 GAMA JR., Lauro. **Contratos internacionais à luz dos princípios do UNIDROIT 2004. "Soft law", arbitragem e jurisdição**. Rio de Janeiro: Renovar, 2006, p. 214.

38 SPEDDING, Linda S. **Environmental Management for Business**. West Sussex: John Wiley & Sons Ltd., 1996, p. 94.

Registre-se, porém, que essa certificação é voluntária, e não uma imposição estatal. A empresa que decidisse aderir a certificação, teria o selo (*label*) emitido pela autoridade certificadora.[39]

Joseph Stiglitz, que fora assessor do governo americano na era Clinton e economista-chefe do Banco mundial até 2000, sugeriu um sistema de certificação similar para as madeiras nobres oriundas de países tropicais, em razão do desmatamento ilegal e da imensa degradação ambiental. Propôs ele que a madeira seja cortada e beneficiada de maneira sustentável para que as presentes e futuras gerações pudessem aproveitar seus benefícios (ambientais e econômicos). Nesse sentido, a madeira extraída fora dos padrões convencionados não encontraria mercado.[40]

No Brasil, o selo que garante a extração legal é fornecido pelo Conselho Brasileiro de Manejo Florestal, o FSC. O selo FSC (*Forest Stewardship Council*) certifica áreas e produtos florestais.[41]

Na verdade, o *Forest Stewardship Council* não é brasileiro. É uma organização internacional não lucrativa, criada em 1993, com sede na Alemanha e patrocinada por diversas empresas, fundações e organizações não governamentais.[42]

O Conselho Brasileiro de Manejo Florestal (FSC/Brasil) é uma organização não governamental (ONG), sem fins lucrativos, e reconhecida como uma OSCIP (Organização da Sociedade Civil de Interesse Público).

---

39 SPEDDING, Linda S. **Environmental Management for Business**. West Sussex: John Wiley & Sons Ltd., 1996, p. 96.

40 STIGLITZ, Joseph E. **Globalização. Como dar certo**. São Paulo: Companhia das Letras, 2007, p. 263/264.

41 O *site* do FSC (*Forest Stewardship Council*) no Brasil é www.fsc.org.br.

42 DIAMOND, Jared. **Colapso – Como as sociedades escolhem o fracasso ou o sucesso**. São Paulo: Record, 2005, p. 565. Na verdade, o *Forest Stewardship Council* não certifica as florestas. Ele credita organizações que visitam as áreas de floresta e que constatam, *in loco*, a observância aos padrões ambientais exigidos internacionalmente. A certificação, como se sabe, não é uma imposição estatal, mas uma deliberação voluntária do empreendedor em vincular seu produto aos *standards* estabelecidos por esses "selos".

O objetivo maior do FSC no Brasil é facilitar o manejo sustentável das florestas brasileiras conforme os princípios e diretrizes do desenvolvimento sustentável.

Essa certificação florestal serve para garantir que a madeira utilizada em determinados produtos foi originada dentro de processo de manejo sustentável, de forma ecologicamente correta, atendendo a toda legislação ambiental vigente.

A observância a esses *standards* deve orientar a atuação empresarial, haja vista o irreversível mundo globalizado em que se vive, pois o comércio internacional virou prática corriqueira para qualquer consumidor em potencial.

Assim, participar e, principalmente, ter padrões de competitividade, pressupõe adequação à ordem mundial.

Num futuro não muito distante, somente produtos com certificação de origem ambientalmente correta terão espaço no competitivo comércio internacional.

As empresas que ajudaram a formar o FSC viram vantagens econômicas nisso. Nos Estados Unidos, pesquisas apontaram que 80% do público consumidor que pudesse escolher produtos oriundos de florestas de madeiras cujo comprometimento com a sustentabilidade ambiental fosse comprovado, assim o fariam.[43]

Diga-se de passagem que as empresas que participaram da formação do FSC fazem parte da relação de grandes produtores e beneficiadores de madeira, dentre eles: a *Home Depot* (maior varejista de madeira de construção do mundo); a *Lowe's* (segunda maior varejista de madeira); a *Columbia Forest Products* (uma das maiores empresas de produtos florestais dos Estados Unidos); a *Kinko's* (maior fornecedor mundial de serviços de escritórios e cópias de documentos); a *Collins Pine e Kane Hardwoods* (um dos maiores produtores de cerejeira do mundo); a *Gibson Guitars* (um dos maiores produtores de violões do mundo); a *Seven Island Company* (que administra 400 mil hectares de floresta no estado

---

43 DIAMOND, Jared. **Colapso – Como as sociedades escolhem o fracasso ou o sucesso**. São Paulo: Record, 2005, p. 568.

do Maine/USA); e a *Andersen Corporation* (maior fabricante mundial de portas e janelas).[44]

Outro exemplo da utilização de técnicas ambientalmente limpas também vem dos Estados Unidos e começa a ser adotado no Brasil. Trata-se do "padrão verde de construção" conhecido como LEED (*Leadership in Energy and Environmental Design*).[45]

Esse processo foi criado em 1998 e desenvolvido na América do Norte pelo U.S. Green Building Council (USGBC),[46] e prevê um conjunto de normas para a construção ambientalmente sustentável. Desde que foi criado, o LEED já certificou mais de 14.000 projetos de construção, em todos os 50 estados americanos, e mais de 30 países. Nessa esteira da certificação, vários governos estaduais e municipais dão vantagens fiscais a quem utiliza os padrões LEED e um grande número de prédios governamentais nos Estados Unidos exige empresas que sigam esses padrões.[47]

Depois do sucesso do FSC e do LEED, a Unilever se uniu ao WWF (World Wildlife Fund) para criar a MSC (Marine Stewardship Council), com o objetivo de oferecer eco-selos confiáveis aos consumidores a fim de manter o mercado ambientalmente correto e evitar boicotes. A MSC funciona nos mesmos moldes da FSC,

---

44 DIAMOND, Jared. **Colapso – Como as sociedades escolhem o fracasso ou o sucesso**. São Paulo: Record, 2005, p. 569. Fora dos Estados Unidos outros gigantes do uso da madeira se destacam, como a *Tembec* e a *Domtar* (dois dos maiores administradores de floresta do Canadá), a *B & Q* (a maior empresa *do-yourself* do Reino Unido), a *Sainsbury's* (a segunda maior cadeia de supermercados do Reino Unido), a *IKEA* (empresa sueca, maior varejista de móveis domésticos para montar do mundo), a *SCA* e a *Svea Skog* (duas das maiores empresas florestais da Suécia).

45 DIAMOND, Jared. **Colapso – Como as sociedades escolhem o fracasso ou o sucesso**. São Paulo: Record, 2005, p. 570.

46 Para maiores informações, *vide* http://www.usgbc.org/. Acesso em: 10 nov. 2008.

47 DIAMOND, Jared. **Colapso – Como as sociedades escolhem o fracasso ou o sucesso**. São Paulo: Record, 2005, p. 570.

pressupondo voluntariedade e auditorias de certificação por organizações certificadoras.[48]

Outro sistema de gestão é o selo ISO – *International Standalization Organization*. A ISO tem sua origem na Agenda 21, construída durante a Conferência do Rio de Janeiro, em 1992.

Esse sistema de qualidade e gestão ambiental partiu de uma resolução da Agenda 21, que criou um grupo de trabalho, composto por diversos países e que passou a se reunir e definir normas de certificação de qualidade ambiental para grupos empresariais.[49]

Com a adesão ao programa ISO a empresa se compromete a tomar providências no sentido de gerar menos impactos ambientais em sua linha de produção, desde a matéria-prima até depois do uso.

Esses programas farão com que países em desenvolvimento, como China, Índia e Brasil, bem como outros emergentes tenham de acelerar programas ambientais ou enfrentarão barreiras ambientais no mercado internacional.

Por exemplo, o governo francês recentemente propôs uma "taxa carbono" sobre as importações para a União Europeia (UE) de mercadorias com alto teor de carbono, produzidas com pouca eficiência energética.[50]

Segundo informações da própria Organização Mundial do Comércio – OMC, estima-se que 80% do custo da adaptação a tecnologias limpas deverá vir do próprio setor privado e de que o comércio de produtos ambientais é de US$ 500 bilhões por ano, indicando que a "descarbonização" da economia é também um bom negócio.[51]

---

48 DIAMOND, Jared. **Colapso – Como as sociedades escolhem o fracasso ou o sucesso**. São Paulo: Record, 2005, p. 575.

49 RIBEIRO, Wagner Costa. **A ordem ambiental internacional**. 2. ed. São Paulo: Contexto, 2005, p. 135.

50 VALOR ECONÔMICO. **Barreiras ambientais são nova ameaça a emergentes**. São Paulo, 25-9-2008.

51 Idem.

Partindo dessas informações, bastante recentes, diga-se de passagem, é imperioso contar com a participação das empresas nesse cenário da sociedade de risco, sob pena de perecimento de recursos, escassez de alimentos e falência da prestação social do Estado.

7.5 Comércio internacional, meio ambiente e a necessidade da participação das empresas globais

De fato, não há mais espaço para discussão: a sociedade contemporânea está diante da existência de uma crise ambiental, com a escassez de recursos naturais e catástrofes em nível planetário, surgidas a partir das ações degradadoras do próprio ser humano contra a natureza.[52]

Os ambientalistas, de maneira quase uníssona, condenam o livre comércio, ao argumento de que a liberalização comercial enseja pressão sobre o meio ambiente.

Isso ocorre porque o aumento do volume do comércio internacional prejudicaria o meio ambiente, e o aumento dos investimentos internacionais provocaria deslocamentos transfronteiriços de empresas com legislações ambientais diversas.[53]

Porém, é de concordar também que a liberalização comercial conduz a melhores níveis de desenvolvimento e proporciona recursos para a preservação, bem como se pode trabalhar em âmbito e escala global os índices, *standards*, padrões e conceitos ambientais, de maneira dinâmica, portanto, e não localizada, estática.

As empresas transfronteiriças têm de adaptar seus padrões de produção e de circulação de produtos aos ditames estatais da regulação, a fim de permanecerem no mercado de maneira legítima.

---

52 LEITE, José Rubens Morato; AYALA, Patryck de Araújo. **Direito ambiental na sociedade de risco**. Rio de Janeiro: Forense Universitária, 2002, p. 2.

53 OLIVEIRA, Bárbara da Costa Pinto. **Meio ambiente e desenvolvimento na Organização Mundial do Comércio. Normas para um comércio internacional sustentável**. São Paulo: IOB Thomson, 2007, p. 57.

Essa é a função precípua do Estado, qual seja, a de regular a economia, a fim de evitar que o lucro, objetivo maior das corporações, não obstrua os ditames da conservação. Ou seja, o lucro, que é dirigido a um grupo específico, não seja auferido em detrimento do prejuízo da coletividade, que suportará os ônus de qualquer impacto significativo ambiental em razão da atuação das empresas.

Nos Estados Unidos, por exemplo, a regulação das matérias ambientais é afeta às agências reguladoras, que elegem a prioridade administrativa e estabelecem proposições e prioridades a serem executadas.[54]

Exemplo nacional ocorre na indústria do petróleo, onde as empresas assumem todos os encargos de planejar, preparar, executar, controlar e gerenciar as melhores práticas ambientais das normas em vigor, emitidas ou que venham a ser emitidas pela agência reguladora competente, no caso a Agência Nacional de Petróleo – ANP.[55]

Portanto, a regulação é a própria política econômica, pois o Estado não atua nem assume diretamente a execução das atividades, mas dirige, controla e induz as atividades empresariais de maneira eficaz e enfática, valendo-se de instrumentos de autoridade, *in casu*, a legislação que tem ao seu dispor.[56]

E essa legislação é multifacetada, podendo ser manifestada de diversas formas, tais como o planejamento, o fomento, a fiscalização, a sanção, a solução de conflitos, enfim, em todas as formas

---

54 PERCIVAL, Robert V.; SCHROEDER, Christopher H.; MILLER, Allan S.; LEAPE, James P. **Environmental Regulation: Law, Science and Policy**. New York: Aspen Publishers, 2003, p. 141. Exemplos dessa regulação são o *Clean Water Act*, o *Resource Conservation and Recovery Act*, o *Safe Drinking Water*, o *Toxic Substances Control Act* e o *Comprehensive Environmental Response, Compensation and Liability Act*. Op. cit., p. 142.

55 ANTUNES, Paulo de Bessa. **Proteção ambiental nas atividades de exploração e produção de petróleo**. Rio de Janeiro: Lumen Juris, 2003, p. 46.

56 GUERRA, Sérgio. **Controle judicial dos atos regulatórios**. Rio de Janeiro: Lumen Juris, 2005, p. 42.

nas quais os atos do Estado podem ser enquadrados no conceito de regulação estatal da economia.[57]

Não há como concordar com aqueles que pensam que as empresas *devem sempre* atender às necessidades de seus consumidores, e *estar preocupadas* com seu bem-estar social e atentas a demanda, *não sendo* o lucro não é sua principal finalidade, mas sim, *somente* o resultado de seu trabalho.[58]

A própria história do desenvolvimento da indústria moderna dá conta do contrário, onde o lucro é a força motriz da economia e da empresa moderna, a exemplo da grande revolução industrial ocorrida nos Estados Unidos em fins do século XIX e início do século XX, com a chamada *creative destruction*[59] da indústria siderúrgica, do aço, do mercado de títulos públicos, da regulação refreando a concorrência nociva aos interesses de alguns poucos empresários, e da poderosa indústria do petróleo.[60]

---

57 ARAGÃO, Alexandre Santos de. Regulação da economia: conceito e características contemporâneas. In: PECI, Alketa (Org.). **Regulação no Brasil: Desempenho, governança, avaliação**. São Paulo: Atlas, 2007, p. 70.

58 MOURA, Luiz Antônio Abdalla de. **Qualidade e gestão ambiental**. 4. ed. São Paulo: Juarez de Oliveira, 2004, p. 53. O autor conclui o raciocínio da necessidade dos consumidores, exemplificando que, se assim as empresas não procederem, perderão clientela e perderão espaço no mercado. Daí a necessidade de atender aos consumidores. Porém, asseverar que o lucro não é a finalidade empresarial parece desarrazoado, pois todos os indicativos de comércio e da economia contradizem essa assertiva.

59 Termo cunhado para definir a ação dos pais fundadores do superpoder industrial americano do século XIX (Andrew Carnegie, John D. Rockefeller, Jay Gould e J. P. Morgan). Cf. MORRIS, Charles R. **Os Magnatas: como Andrew Carnegie, John D. Rockefeller, Jay Gould e J. P. Morgan inventaram a supereconomia americana**. 3. ed. Porto Alegre: L&PM, 2007, p. 10.

60 MORRIS, Charles R. **Os Magnatas: como Andrew Carnegie, John D. Rockefeller, Jay Gould e J. P. Morgan inventaram a supereconomia americana**. 3. ed. Porto Alegre: L&PM, 2007, p. 77.

Ora, o capitalismo é um sistema econômico movido pela ideia do lucro, que, depois de convertido em capital adicional, servirá para ampliar a produção, e essa ambição é baseada na necessidade de enfrentar os concorrentes e dominar o mercado.[61]

O comércio mundial e sua desmedida expansão trouxeram muitas melhorias, e o padrão de vida no mundo continua a melhorar. Porém, o dinamismo da economia sem a presença do Estado, ou mesmo diante de certa omissão regulatória, condena parcelas da sociedade ao desemprego e leva à exclusão milhares de pessoas.[62]

Dessa forma, não é de se admirar aqueles que defendam a busca pelo protecionismo estatal, principalmente em épocas de crise, pedindo que haja uma certa frenagem no processo industrial moderno.

Portanto, a agenda do desenvolvimento sustentável e a adoção de políticas ambientais estão se tornando uma questão de estratégia e competitividade, quiçá de sobrevivência comercial, e figuram entre as principais preocupações da indústria e do comércio nos tempos modernos.[63]

Porém, é preciso deixar o discurso ambientalista de lado e tomar iniciativas concretas, implementando políticas estatais internas em consonância com os anseios éticos globais, discutidos em Tratados e Protocolos, a exemplo de Quioto e Paris.[64]

Como o próprio gênero de consumidor vem mudando,[65] é de se esperar que o comércio de produtos "verdes", ou ambiental-

---

61 SANTIAGO, Luciano Sotero. **Direito da concorrência. Doutrina e jurisprudência**. Salvador: JusPodivm, 2008, p. 33.

62 GREENSPAN, Alan. **A era da turbulência. Aventuras em um novo milênio**. Rio de Janeiro: Elsevier, 2008, p. 175.

63 ELKINGTON, John. **Canibais com garfo e faca**. São Paulo: Makron Books, 2001, p. 43.

64 MARCOVITCH, Jaques. **Para mudar o futuro. Mudanças climáticas, políticas públicas e estratégias empresariais**. São Paulo: Saraiva, 2006, p. 99.

65 GOLEMAN, Daniel. **Ecological Intelligence. Knowing the Hidden Impacts of What We Buy**. London: Penguin Books Ltd. 2009, p. 6.

mente corretos, também cresça no cenário atual de planificação dos mercados, fazendo despontar uma produção menos impactante e mais responsável, por uma questão de competitividade.[66]

Portanto, *ad lattere* da regulação estatal, figuram outros meios de participação, de acordos voluntários de iniciativas empresariais, como as certificações e os índices de sustentabilidade de diversas Bolsas de Valores, desapegadas de um núcleo direto de regulação e balizamento dos Estados e mercados comuns de circulação de mercadorias.[67]

Em grande parte, as mudanças estão partindo das empresas,[68] principalmente as líderes do mercado, estabelecendo padrões em outro patamar, fortalecendo sua marca, explorando oportunidades de negócios e acumulando vantagens competitivas em seus empreendimentos. Essas empresas estão sendo chamadas de *"first movers"*.[69]

Ao fazer essa movimentação, a empresa certamente é vista pelo público consumidor – seu alvo – como dotada de atributos morais maiores que os da concorrência, ganhando a reputação de boas empresas e gerando lucro com o chamado "marketing verde".

Independentemente da intenção envolvida nas práticas empresariais em torno de atitudes ambientais, se de meros geradores

---

66 DIAS, Reinaldo. **Gestão ambiental. Responsabilidade social e sustentabilidade**. São Paulo: Atlas, 2006, p. 139.

67 BARBIERI, José Carlos. **Gestão ambiental empresarial. Conceitos, modelos e instrumentos**. São Paulo: Saraiva, 2004, p. 81.

68 HAY, Bruce L.; STAVINS, Robert N.; VIETOR, Richard H. K. **Environmental protection and the social responsibility of firms: perspectives from law, economics, and business**. Washington: RFF Press Books, 2005, p. 3.

69 ALMEIDA, Fernando. **Os desafios da sustentabilidade. Uma ruptura urgente**. Rio de Janeiro: Elsevier, 2007, p. 52. Empresas como Dupont e General Electric – essa com o bilionário programa Ecoimagination –, que operam em mais de 70 países, anteviram um bom momento e um mercado alvissareiro para propostas ambientais de redução do impacto ambiental de seus produtos. Op. cit., p. 122.

de lucro, ou de preocupação e responsabilidade social, o que importa é a atuação conjunta do Estado, regulando as atividades econômicas; das empresas, indo além da legislação ambiental em termos de proteção; e da sociedade civil organizada – *stakeholders*, exigindo condutas proativas de preservação.

PARTE IV

Novos rumos globais

CAPÍTULO 8
As empresas e o clima

8.1 O Fundo Nacional sobre Mudança do Clima (FNMC)

A Lei n. 12.114/2009 criou o Fundo Nacional sobre Mudança do Clima (FNMC), com o objetivo de assegurar recursos financeiros para projetos ou estudos, bem como para o financiamento de empreendimentos que visassem à mitigação e à adaptação da mudança do clima e seus efeitos.

Os recursos do Fundo serão oriundos dos *royalties* pagos nos contratos de concessão da exploração de petróleo e gás natural, conforme o disposto na Lei n. 9.478/97, bem como de dotações orçamentárias da União, recursos decorrentes de acordos, ajustes, contratos e convênios celebrados com órgãos e entidades da administração pública e demais fontes, todas previstas no art. 3º da Lei, nos seguintes termos:

Art. 3º Constituem recursos do FNMC:

I – até 60% (sessenta por cento) dos recursos de que trata o inciso II do § 2º do art. 50 da Lei n. 9.478, de 6 de agosto de 1997;

II – dotações consignadas na lei orçamentária anual da União e em seus créditos adicionais;

III – recursos decorrentes de acordos, ajustes, contratos e convênios celebrados com órgãos e entidades da administração pública federal, estadual, distrital ou municipal;

IV – doações realizadas por entidades nacionais e internacionais, públicas ou privadas;

V – empréstimos de instituições financeiras nacionais e internacionais;

VI – reversão dos saldos anuais não aplicados;

VII – recursos oriundos de juros e amortizações de financiamentos; (Redação dada pela Lei n. 13.800, de 2019.)

VIII – rendimentos auferidos com a aplicação dos recursos do Fundo; e (Incluído pela Lei n. 13.800, de 2019;)

IX – recursos de outras fontes. (Incluído pela Lei n. 13.800, de 2019.)

O Fundo é administrado por um Comitê Gestor, vinculado ao Ministério do Meio Ambiente, e composto por seis representantes do Poder Executivo federal e cinco representantes do setor não governamental. A composição e a competência do Comitê serão estabelecidas posteriormente em decreto, emanado do Poder Executivo.

Esse Comitê cuidará da destinação de recursos.

O Fundo contemplará a difusão de tecnologia para a mitigação de emissões de gases de efeito estufa, a formulação de políticas públicas para a solução de problemas relacionados ao tema, o apoio às cadeias produtoras sustentáveis, a recuperação de áreas degradadas e a restauração florestal.[1]

Segundo o § 4º do art. 5º da Lei n. 12.114/2009, os recursos do FNMC poderão ser destinados às seguintes atividades:

I – educação, capacitação, treinamento e mobilização na área de mudanças climáticas;

II – ciência do clima, análise de impactos e vulnerabilidade;

III – adaptação da sociedade e dos ecossistemas aos impactos das mudanças climáticas;

IV – projetos de redução de emissões de gases de efeito estufa (GEE);

V – projetos de redução de emissões de carbono pelo desmatamento e degradação florestal, com prioridade a áreas naturais ameaçadas de destruição e relevantes para estratégias de conservação da biodiversidade;

VI – desenvolvimento e difusão de tecnologia para a mitigação de emissões de gases do efeito estufa;

---

1 MILARÉ, Édis. **Direito do ambiente**. 11. ed. São Paulo: Thomson Reuters, 2018, p. 1454.

VII – formulação de políticas públicas para solução dos problemas relacionados à emissão e mitigação de emissões de GEE;

VIII – pesquisa e criação de sistemas e metodologias de projeto e inventários que contribuam para a redução das emissões líquidas de gases de efeito estufa e para a redução das emissões de desmatamento e alteração de uso do solo;

IX – desenvolvimento de produtos e serviços que contribuam para a dinâmica de conservação ambiental e estabilização da concentração de gases de efeito estufa;

X – apoio às cadeias produtivas sustentáveis;

XI – pagamentos por serviços ambientais às comunidades e aos indivíduos cujas atividades comprovadamente contribuam para a estocagem de carbono, atrelada a outros serviços ambientais;[2]

XII – sistemas agroflorestais que contribuam para redução de desmatamento e absorção de carbono por sumidouros e para geração de renda;

XIII – recuperação de áreas degradadas e restauração florestal, priorizando áreas de Reserva Legal e Áreas de Preservação Permanente e as áreas prioritárias para a geração e garantia da qualidade dos serviços ambientais.

A Lei dispõe que "cabe ao Comitê Gestor do FNMC definir, anualmente, a proporção de recursos a serem aplicados em cada uma das modalidades" previstas no *caput* do art. 5º, que são: a) apoio financeiro reembolsável mediante os instrumentos financeiros utilizados pelo agente operador; e b) apoio financeiro, não reembolsável, a projetos relativos à mitigação da mudança do clima ou à adaptação à mudança do clima e aos seus efeitos, aprovados pelo

---

2 Serviços ambientais são aqueles relacionados aos processos ecológicos por meio dos quais a natureza se reproduz e mantém as condições ambientais que são a base de sustentação da vida e do bem-estar das espécies. *V.* NUSDEO, Ana Maria de Oliveira. **Pagamento por serviços ambientais: sustentabilidade e disciplina jurídica**. São Paulo: Atlas, 2012, p. 17.

Comitê Gestor do FNMC, conforme diretrizes previamente estabelecidas pelo Comitê.

Vale ressaltar que o Banco Nacional de Desenvolvimento Econômico e Social (BNDES) é o agente financeiro do FNMC.

O Fundo foi inicialmente regulamentado pelo Decreto n. 7.343, de 2010, posteriormente revogado pelo Decreto n. 9.578, de 2018, o qual consolidou as disposições sobre o fundo e a Política Nacional de Mudança do Clima (PNMC).

Em 2020, a operação do "Fundo Clima", incluindo a falta de aprovação do plano anual de investimentos do Fundo em 2020, ganhou destaque na Ação de Descumprimento de Preceito Fundamental 708 (ADPF 708), proposta por alguns partidos políticos e que elencou omissões governamentais no combate às mudanças climáticas.

Foram realizadas audiências públicas com diversos especialistas em razão da complexidade do tema.[3]

8.2 A Política Nacional sobre Mudança do Clima (PNMC)

Em 29 de dezembro de 2009, foi publicada a Lei n. 12.187, instituindo a Política Nacional sobre Mudança do Clima (PNMC) e estabelecendo os seus princípios, objetivos, diretrizes e instrumentos.

A Lei n. 12.187/2009, em linha com o cenário normativo internacional, representa a vanguarda legislativa do direito ambiental brasileiro, dando conta do estágio mais avançado de aprimoramento da legislação ambiental nacional.[4]

De acordo com a Lei, as ações decorrentes dessa Política deverão observar os princípios ambientais da precaução, prevenção, participação cidadã (leia-se, princípio democrático), do desenvolvimento sustentável e da responsabilidade comum, porém diferenciada.

---

3 STF, ADPF 708, Arguição de Descumprimento de Preceito Fundamental n. 0024408-68.2020.1.00.0000, Rel. Min. Roberto Barroso.

4 SARLET, Ingo Wolfgang; FENSTERSEIFER, Tiago. **Curso de direito ambiental**. 3. ed. Rio de Janeiro: Forense, 2022, p. 927.

Art. 5º São diretrizes da Política Nacional sobre Mudança do Clima:

I – os compromissos assumidos pelo Brasil na Convenção-Quadro das Nações Unidas sobre Mudança do Clima, no Protocolo de Quioto e nos demais documentos sobre mudança do clima dos quais vier a ser signatário;

II – as ações de mitigação da mudança do clima em consonância com o desenvolvimento sustentável, que sejam, sempre que possível, mensuráveis para sua adequada quantificação e verificação *a posteriori*;

III – as medidas de adaptação para reduzir os efeitos adversos da mudança do clima e a vulnerabilidade dos sistemas ambiental, social e econômico;

IV – as estratégias integradas de mitigação e adaptação à mudança do clima nos âmbitos local, regional e nacional;

V – o estímulo e o apoio à participação dos governos federal, estadual, distrital e municipal, assim como do setor produtivo, do meio acadêmico e da sociedade civil organizada, no desenvolvimento e na execução de políticas, planos, programas e ações relacionados à mudança do clima;

VI – a promoção e o desenvolvimento de pesquisas científico-tecnológicas, e a difusão de tecnologias, processos e práticas orientados a: a) mitigar a mudança do clima por meio da redução de emissões antrópicas por fontes e do fortalecimento das remoções antrópicas por sumidouros de gases de efeito estufa; b) reduzir as incertezas nas projeções nacionais e regionais futuras da mudança do clima; c) identificar vulnerabilidades e adotar medidas de adaptação adequadas;

VII – a utilização de instrumentos financeiros e econômicos para promover ações de mitigação e adaptação à mudança do clima, observado o disposto no art. 6º;

VIII – a identificação, e sua articulação com a Política prevista nesta Lei, de instrumentos de ação governamental já estabelecidos aptos a contribuir para proteger o sistema climático;

IX – o apoio e o fomento às atividades que efetivamente reduzam as emissões ou promovam as remoções por sumidouros de gases de efeito estufa;

X – a promoção da cooperação internacional no âmbito bilateral, regional e multilateral para o financiamento, a capacitação, o desenvolvimento, a transferência e a difusão de tecnologias e processos para a implementação de ações de mitigação e adaptação, incluindo a pesquisa científica, a observação sistemática e o intercâmbio de informações;

XI – o aperfeiçoamento da observação sistemática e precisa do clima e suas manifestações no território nacional e nas áreas oceânicas contíguas;

XII – a promoção da disseminação de informações, a educação, a capacitação e a conscientização pública sobre mudança do clima;

XIII – o estímulo e o apoio à manutenção e à promoção:

a) de práticas, atividades e tecnologias de baixas emissões de gases de efeito estufa;

b) de padrões sustentáveis de produção e consumo.

Os instrumentos previstos na Política Nacional sobre Mudança do Clima para mitigar os impactos das emissões de gases de efeito estufa, segundo o art. 6º da Lei n. 12.187/2009, são:

I – o Plano Nacional sobre Mudança do Clima;

II – o Fundo Nacional sobre Mudança do Clima;

III – os Planos de Ação para a Prevenção e Controle do Desmatamento nos biomas;

IV – a Comunicação Nacional do Brasil à Convenção--Quadro das Nações Unidas sobre Mudança do Clima, de acordo com os critérios estabelecidos por essa Convenção e por suas Conferências das Partes;

V – as resoluções da Comissão Interministerial de Mudança Global do Clima;

VI – as medidas fiscais e tributárias destinadas a estimular a redução das emissões e remoção de gases de efeito estufa, incluindo alíquotas diferenciadas, isenções, compensações e incentivos, a serem estabelecidos em lei específica;

VII – as linhas de crédito e financiamento específicas de agentes financeiros públicos e privados;

VIII – o desenvolvimento de linhas de pesquisa por agências de fomento;

IX – as dotações específicas para ações em mudança do clima no orçamento da União;

X – os mecanismos financeiros e econômicos referentes à mitigação da mudança do clima e à adaptação aos efeitos da mudança do clima que existam no âmbito da Convenção-Quadro das Nações Unidas sobre Mudança do Clima e do Protocolo de Quioto;

XI – os mecanismos financeiros e econômicos, no âmbito nacional, referentes à mitigação e à adaptação à mudança do clima;

XII – as medidas existentes, ou a serem criadas, que estimulem o desenvolvimento de processos e tecnologias, que contribuam para a redução de emissões e remoções de gases de efeito estufa, bem como para a adaptação, dentre as quais o estabelecimento de critérios de preferência nas licitações e concorrências públicas, compreendidas aí as parcerias público-privadas e a autorização, permissão, outorga e concessão para exploração de serviços públicos e recursos naturais, para as propostas que propiciem maior economia de energia, água e outros recursos naturais e redução da emissão de gases de efeito estufa e de resíduos;

XIII – os registros, inventários, estimativas, avaliações e quaisquer outros estudos de emissões de gases de efeito estufa e de suas fontes, elaborados com base em informações e dados fornecidos por entidades públicas e privadas;

XIV – as medidas de divulgação, educação e conscientização;

XV – o monitoramento climático nacional;

XVI – os indicadores de sustentabilidade;

XVII – o estabelecimento de padrões ambientais e de metas, quantificáveis e verificáveis, para a redução de emissões antrópicas por fontes e para as remoções antrópicas por sumidouros de gases de efeito estufa;

XVIII – a avaliação de impactos ambientais sobre o microclima e o macroclima.

O último e, quiçá, mais importante ponto que deve ser destacado na nova legislação é a menção a metas voluntárias de redução de emissão de gases de efeito estufa. Dessa forma, para alcançar os

[155]

objetivos da Política Nacional sobre Mudança do Clima (PNMC), o Brasil incluiu na lei o compromisso voluntário de reduzir entre 36,1% e 38,9% suas emissões projetadas até 2020.

Existe, portanto, no Brasil, uma Política Nacional da Mudança do Clima, necessitando, porém, de formas mais eficazes para implementá-la onde for possível, suprindo suas evidentes omissões, complementando-a.[5]

A projeção de emissões, bem como o detalhamento das ações para alcançar seus objetivos, foram posteriormente detalhados pelo Decreto n. 7.390/2010, revogado em 22 de novembro de 2018 pelo Decreto n. 9.578.

O art. 2º do Decreto n. 9.578/2018 mantém a previsão de que os princípios, objetivos, diretrizes e instrumentos das políticas públicas e programas governamentais deverão, sempre que for aplicável, compatibilizar-se com os princípios, objetivos, diretrizes e instrumentos da Política Nacional sobre Mudança do Clima.

A projeção das emissões nacionais de gases do efeito estufa para o ano de 2020, de que trata o parágrafo único do art. 12 da Lei n. 12.187, de 2009, implicaria reduções de emissões para os seguintes setores de: (i) Mudança de Uso da Terra, (ii) Energia, (iii) Agropecuária, (iv) Processos Industriais e (v) Tratamento de Resíduos.

8.3 O Acordo de Paris e a Decisão n. 1 da COP 21

Em 2015, foi realizada a Conferência das Nações Unidas sobre as Mudanças Climáticas (COP 21) em Paris, marcada como um evento histórico graças a um novo pacto global lá firmado.

O Acordo de Paris foi aprovado pelos 195 países participantes, que se comprometeram a reduzir emissões de gases de efeito

---

5 WEDY, Gabriel. O Acordo de Paris e as suas perspectivas. **Revista da Escola da Magistratura do TRF da 4ª Região**, n. 12, p. 130. Disponível em: https://papers.ssrn.com/sol3/papers.cfm?abstract_id=3817935. Acesso em: 10 mar. 2025.

estufa. Em resumo, o Acordo firmado prevê a manutenção da temperatura média da Terra abaixo de 2 °C, acima dos níveis pré--industriais e de limitar o aumento da temperatura até 1,5 °C acima dos níveis pré-industriais.

Diz o seu art. 2º:

1. O presente Acordo, no reforço da implementação da Convenção, incluindo seu objetivo, visa a fortalecer a resposta global à ameaça das mudanças climáticas, no contexto do desenvolvimento sustentável e os esforços para erradicar a pobreza, incluindo ao:

(a) Manter o aumento da temperatura média global bem abaixo dos 2 °C acima dos níveis pré-industriais e buscar esforços para limitar o aumento da temperatura a 1,5 °C acima dos níveis pré-industriais, reconhecendo que isso reduziria significativamente os riscos e impactos das mudanças climáticas;

(b) Aumentar a capacidade de adaptar-se aos impactos adversos das mudanças climáticas e fomentar a resiliência ao clima e o desenvolvimento de baixas emissões de gases de efeito estufa, de uma forma que não ameace a produção de alimentos;

(c) Promover fluxos financeiros consistentes com um caminho de baixas emissões de gases de efeito estufa e de desenvolvimento resiliente ao clima.

O Brasil concluiu sua ratificação ao Acordo de Paris em 12 de setembro de 2016, com metas de reduzir as emissões de gases de efeito estufa em 37% abaixo dos níveis de 2005, em 2025, bem como reduzir as emissões de gases de efeito estufa em 43% abaixo dos níveis de 2005, em 2030.[6]

---

6 Na NDC apresentada pelo governo brasileiro em dezembro de 2020, os percentuais permanecem os mesmos e referem-se ao 3º Inventário de Emissões.

Esse pacto teve um conteúdo diferenciado. Os países passaram a adotar ações políticas de baixo para cima, em que declaram suas ações unilateralmente, alterando a perspectiva *top down* do Protocolo de Quioto e assumindo uma abordagem *pledge and review*.[7]

Outro importante avanço diz respeito à suavização do dualismo entre países desenvolvidos e países em desenvolvimento, até então presente em outras declarações e encontros.

O princípio da responsabilidade comum, mas diferenciada continua presente, mas a abordagem do Acordo de Paris busca uma atuação *bottom up*, voltada para a participação de vários *stakeholders*.

Tanto a universalização quanto o tratamento mais abrangente das questões climáticas estão previstos no art. 4º do Acordo.

Com a nova estrutura do Acordo de Paris, os países apresentam suas contribuições, as chamadas Contribuições Nacionalmente Determinadas (*Nationally Determined Contributions* – NDCs), as quais devem refletir o maior nível de ambição possível e devem ser revistas periodicamente. Alguns aspectos operacionais do Acordo de Paris, por exemplo, os novos mecanismos de mercado estabelecidos pelo art. 6º, ainda estão sendo estruturados.

Não restam dúvidas de que um longo caminho ainda há de ser percorrido para que possamos atender aos desafios elencados nessas conferências ambientais internacionais.[8]

Em 5 de junho de 2023, cinco decretos foram editados pelo Governo Federal, tratando de mudanças climáticas, na seguinte ordem:

---

7 BORN, Rubens Harry. Mudanças climáticas. In: FARIAS, Talden; TRENNEPOHL, Terence. **Direito ambiental brasileiro**. São Paulo: Revista dos Tribunais, 2019, p. 407.

8 Para maior detalhamento do Acordo de Paris, *vide* NUSDEO, Ana Maria de Oliveira. Mudanças climáticas e os instrumentos jurídicos adotados pela legislação brasileira para o seu combate. In: NUSDEO, Ana Maria de Oliveira; TRENNEPOHL, Terence (Coords.). **Temas de direito ambiental econômico**. São Paulo: Revista dos Tribunais, 2019, p. 196-214.

a) Decreto n. 11.546/2023 – Instituiu o Conselho Nacional para a 30ª Conferência das Partes da Convenção-Quadro das Nações Unidas sobre Mudança do Clima – COP30, além de definir sua competência e constituição.

b) Decreto n. 11.547/2023 – Instituiu o Comitê Técnico da Indústria de Baixo Carbono, com caráter consultivo e destinado a promover a articulação dos órgãos e das entidades, públicas e privadas, para implementar, monitorar e revisar políticas públicas, iniciativas e projetos que estimulem a transição para a economia de baixo carbono no setor industrial do país, também definindo sua competência e constituição.

c) Decreto n. 11.548/2023 – Instituiu a Comissão Nacional para Redução das Emissões de Gases de Efeito Estufa Provenientes do Desmatamento e da Degradação Florestal, Conservação dos Estoques de Carbono Florestal, Manejo Sustentável de Florestas e Aumento de Estoques de Carbono Florestal – REDD+, que tem como objetivos coordenar, acompanhar, monitorar e revisar a Estratégia Nacional para REDD+ – ENREDD+ e coordenar a elaboração dos requisitos para o acesso a pagamentos por resultados de REDD+ no país, reconhecidos pela Convenção-Quadro das Nações Unidas sobre Mudança do Clima.

d) Decreto n. 11.549/2023 – Alterou o Decreto n. 9.578, de 22 de novembro de 2018, que dispõe sobre o Fundo Nacional sobre Mudança do Clima e a Política Nacional sobre Mudança do Clima.

e) Decreto n. 11.550/2023 – Criou o Comitê Interministerial sobre Mudança do Clima – CIM, de caráter permanente, que tem a finalidade de monitorar e promover a implementação das ações e das políticas públicas no âmbito do Poder Executivo federal relativas à Política Nacional sobre Mudança do Clima – PNMC, sendo um instrumento institucional do Poder Executivo federal para articular ações de governo relativas à Convenção-Quadro das Nações Unidas sobre Mudança do Clima – CQNUMC, promulgada pelo

Decreto n. 2.652, de 1º de julho de 1998, incluídos o objetivo da neutralidade climática e os instrumentos subsidiários dos quais o país venha a ser parte.

8.4 Os casos de litigância climática

O desafio de controlar alguns aspectos fundamentais para a sobrevivência saudável no planeta ganhou proporções bem maiores nos últimos anos.

Como mitigar o aquecimento global? Como atenuar os desastres climáticos? Quais as formas de impedir (ou diminuir) o desmedido desmatamento na Amazônia e em outros importantes biomas globais?

Todas essas questões facilmente surgem diante dos olhos de um observador atento aos erros e acertos cometidos em nossa trajetória ambiental.

Negacionismos à parte, não há mais dúvidas de que estamos passando por uma reconstrução de paradigmas e de que as mudanças climáticas são uma realidade para a sociedade moderna.

Completamos 60 anos da publicação de *Primavera silenciosa*, de Rachel Carlson; 50 anos do Encontro de Estocolmo; 35 anos da promulgação de uma Constituição Cidadã; 30 anos da Conferência do Rio; 25 anos do surgimento da Lei dos Crimes Ambientais e 10 anos da chegada de um Novo Código Florestal.

Vivemos um tempo de litigâncias climáticas se avolumando cada vez com maior robustez, dentro e fora do país, com resultados muito mais dimensionáveis do que aqueles vistos há uma década.

Esse tipo de litígio é uma nova modalidade de estratégia para que as leis sejam aplicadas com mais vigor, impulsionando o seu cumprimento para dimensões territoriais nunca imaginadas, pressionando a doutrina, a jurisprudência e o legislador a cumprir o dever fundamental de proteção ambiental.[9]

---

9 WEDY, Gabriel. **Litígios climáticos: de acordo com o direito brasileiro, norte-americano e alemão.** Salvador: JusPodivm, 2019, p. 33.

Ao lado das ações climáticas movidas em países como Holanda, Alemanha, Austrália e Estados Unidos, também temos tido exemplos dentro de casa.[10]

Recentemente, a Advocacia-Geral da União (AGU) ajuizou uma ação civil pública para cobrar R$ 292 milhões de um único pecuarista, no Estado do Amazonas, acusado de desmatar e queimar, entre os anos de 2003 e 2006, cerca de 5,6 mil hectares de floresta. A ação, que tramita na Justiça Federal de Brasília, busca a compensação financeira pelos danos ambientais causados. Esse valor foi calculado com base em parâmetros da Organização para a Cooperação e Desenvolvimento Econômico (OCDE) e, por ora, trata-se da maior quantia já cobrada em uma ação de danos climáticos.

Nessa esteira de processos, existem outros, nos quais a Advocacia-Geral da União (AGU), por intermédio de sua recém-criada Procuradoria Nacional de Defesa do Clima e do Meio Ambiente, busca, mais fortemente, combater o desmatamento por meio da condenação dos infratores ao pagamento de mais de R$ 4,5 bilhões por prejuízos ambientais, chamados de "custo social do carbono", decorrente da supressão ilegal de vegetação, uma nova tese que passou a ser amplamente acolhida pelo Poder Judiciário.

As ações civis públicas mencionadas abrangem também o Cerrado, o Pantanal, a Caatinga, o Pampa e a Mata Atlântica e refletem as infrações administrativas identificadas pelo Ibama e pelo ICMBio.

Os Tribunais Superiores já sinalizaram favoravelmente com precedentes do STF e do STJ, a exemplo da ADPF 708 (Fundo Clima), que proibiu o contingenciamento das receitas que integram o Fundo Nacional sobre Mudança do Clima e determinou ao Governo Federal que adotasse as providências necessárias ao seu funcionamento, com a consequente destinação de recursos.

---

10 SETZER, Joana; CUNHA, Kamyla; FABBRI, Amália Botter (Coords.). Panorama da litigância climática no Brasil e no mundo. In: **Litigância climática: novas fronteiras para o direito ambiental no Brasil**. São Paulo: Thomson Reuters, 2019, p. 60.

No âmbito do STJ, a tendência é de que muito em breve isso seja uma realidade.

Diga-se de passagem, as ações civis públicas não são os únicos instrumentos aptos à defesa do clima e do meio ambiente com o viés analisado. Também as ações populares, as ações diretas de inconstitucionalidade, as ações diretas de constitucionalidade, o mandado de segurança (individual e coletivo) e as ações de descumprimento de preceito fundamental têm esse desiderato.[11]

No final do ano de 2024, a Advocacia-Geral da União (AGU) e o Instituto Chico Mendes de Conservação da Biodiversidade (ICM-Bio) manejaram uma Ação Civil Pública, na Justiça Federal do Pará, para que sejam reparados danos climáticos resultantes de sucessivas infrações ambientais registradas em 7.075 hectares em área de unidade de conservação federal situada na Floresta Amazônica, cujos custos de reparação ambiental foram estimados em R$ 635 milhões, calculados a partir do custo social da emissão de gases do efeito estufa resultantes dos danos ambientais.

Na esfera do Poder Executivo também há dezenas de iniciativas dos Ministérios que se enquadram no combate às mudanças climáticas, como a força-tarefa, envolvendo o Ministério da Defesa, que diminuiu em 80% o garimpo ilegal no Território Yanomami em 2023 e o apoio dado pelo Ministério das Cidades para que os municípios atualizem seus planos diretores sob a ótica da adaptação à mudança do clima.

Também houve a criação, pelo Ministério de Minas e Energia, do Programa Combustível do Futuro, o novo Programa Nacional de Agricultura Familiar, trazido pelo Ministério do Desenvolvimento Agrário e Agricultura Familiar, a integração, pelo Ministério do Turismo, do Plano para Prevenção e Controle do Desmatamento da Amazônia (PPCDAm) e do Plano para Prevenção e Controle do Desmatamento do Cerrado (PPCerrado), bem como a ampliação, pelo Ministério dos Direitos Humanos e da Cidadania, do Programa

---

11 WEDY, Gabriel. **Litígios climáticos: de acordo com o direito brasileiro, norte-americano e alemão**. Salvador: JusPodivm, 2019, p. 82.

de Proteção aos Defensores de Direitos Humanos, Comunicadores e Ambientalistas.

Diante de tudo isso, seria correto dizer que atingimos um "Estado Climático"? Se isso ocorreu, qual foi o marco inicial? Se ainda não, do que mais precisamos para tê-lo?

Uma coisa é certa: a exploração desmedida dos recursos naturais ficou no passado e vivemos uma fase de conscientização climática muito mais nítida, com seus matizes e vieses muito claros, chegando ao ponto de já considerarmos o surgimento de um estado climático emergencial.[12]

Não há dúvidas de que vividamente respiramos um novo "Direito" e temos suficiência do sistema jurídico-ecológico atual, com enorme efetividade da aplicação das normas ambientais.

Porém, para atingirmos plenamente esse "Estado Climático" e termos um prognóstico alvissareiro de uma disciplina regulatória que traga segurança jurídica para o setor privado, evitando litígios e medidas emergenciais, inclusive sancionatórias, precisaremos remodelar novas formas de atuação, além de colocá-las plenamente em prática com o atendimento a requisitos de estabilização.

Isso nos faria atingir uma "maturidade climática" sem precedentes.

Como critérios para esse reconhecimento de um "Estado Climático", pensamos que deve estar presente, minimamente, (i) uma estabilidade (segurança) jurídica nos processos legislativos que tratam do tema, (ii) o alargamento dos meios jurídicos de proteção do meio ambiente, (iii) a ampliação da legitimidade processual dos atores interessados no processo, (iv) uma especialização do Poder Judiciário para enfrentar as questões colocadas, (v) maior abrangência territorial nas decisões de viés climático e, sobretudo, (vi) incrementos substanciais nos estudos climáticos, a fim de afastar as inconsistentes dúvidas científicas porventura levantadas.

---

12 BEDONI, Marcelo. **Direito ambiental e direito climático no ordenamento jurídico brasileiro**. Rio de Janeiro: Lumen Juris, 2023, p. 135.

Felizmente, já existe maior conscientização e, mesmo, um aprimoramento técnico na interpretação e aceitação do meio ambiente climático e de sua discussão em âmbito judicial (litigância) em padrões globais, capazes de fazer frente às diversas mudanças ocorridas no clima nos últimos anos, no Brasil e no mundo.[13]

13 SARLET, Ingo Wolfgang; WEDY, Gabriel; FENSTERSEIFER, Tiago. **Curso de direito climático**. São Paulo: Thomson Reuters Brasil, 2023, p. 252.

CAPÍTULO 9

Compliance ambiental e Environmental, Social and Governance (ESG)

9.1 A interface do direito ambiental com a gestão de riscos

A identificação e a gestão de riscos ambientais são elementos essenciais para a governança sustentável. Embora os riscos sempre tenham sido inerentes às atividades humanas, a globalização e o desenvolvimento tecnológico ampliaram sua escala e impacto, conferindo-lhes um caráter transfronteiriço e global. Nesse contexto, Ulrich Beck introduziu o conceito de "sociedade de risco", referindo-se a um cenário no qual os danos ambientais são amplos, difusos e, muitas vezes, irreversíveis.[1]

A concepção de risco pode ser compreendida sob um viés estatístico, conforme Douglas, sendo definida como "a frequência esperada de efeitos indesejados resultantes da exposição a um contaminante" ou como o produto da probabilidade de ocorrência do evento pelo potencial de dano. Dessa forma, o risco abarca tanto a materialização do dano quanto sua probabilidade de concretização.[2]

Embora a sociedade de risco tenha origem no modelo social contemporâneo, a superação linear de um sistema industrial para um sistema pautado exclusivamente pelo risco não se configura de maneira simplista. Guivant, ao analisar as contribuições mais recentes de Beck, destaca que o autor busca um equilíbrio entre

---

1 BECK, Ulrich. **Sociedade de Risco**. Editora 34, 2011.

2 DOUGLAS, Mary. **La aceptabilidad del riesgo según las ciencias sociales**. Barcelona: Paidós, 1996.

[165]

as abordagens construtivistas e realistas sobre o risco,[3] evitando visões deterministas.[4]

O *compliance* ambiental surge como um mecanismo essencial para a mitigação desses riscos, apresentando forte conexão com os princípios estruturantes do direito ambiental, como o princípio da prevenção.

A prevenção, consolidada na doutrina e na jurisprudência, encontra respaldo no art. 225 da Constituição Federal de 1988, que impõe ao Poder Público e à coletividade o dever de proteger e preservar o meio ambiente para as gerações presentes e futuras. A aplicação desse princípio exige a adoção de medidas proativas diante de atividades com potenciais impactos ambientais, fundamentando a formulação de políticas públicas e estratégias empresariais sustentáveis.[5]

Conforme Leme Machado, a prevenção não é um conceito estático, demandando constante atualização e reavaliação para influenciar positivamente políticas ambientais, a atuação empresarial e a administração pública. Instrumentos como auditorias, inspeções e monitoramentos, além de sanções administrativas e judiciais, são fundamentais para a efetivação desse princípio.[6]

O princípio da participação também se insere no contexto da governança ambiental e da cultura de *compliance*. A participação

---

3 GUIVANT, Julia S. A teoria da sociedade de risco de Ulrich Beck: entre o diagnóstico e a profecia. **Estudos Sociedade e Agricultura**, Rio de Janeiro, n. 16, abr. 2001.

4 GUIVANT, Julia S. A teoria da sociedade de risco de Ulrich Beck: entre o diagnóstico e a profecia. **Estudos Sociedade e Agricultura**, Rio de Janeiro, n. 16, abr. 2001.

5 Morato Leite e Ayala, ao abordarem o princípio da prevenção, optam por tratar os termos "risco" e "perigo" como equivalentes, unificando seus significados e aplicando-os de forma intercambiável. MORATO LEITE, José Rubens; AYALA, Patrick de Araújo. **Direito ambiental na sociedade de risco**. Rio de Janeiro: Forense Universitária, 2004.

6 MACHADO, Paulo Affonso Leme. **Direito ambiental brasileiro**. 26. edição. São Paulo: Malheiros, 2018.

ativa dos diversos atores sociais é essencial para garantir a legitimidade das decisões ambientais. No Brasil, essa participação se manifesta em diferentes frentes, como audiências públicas, iniciativas legislativas e ações populares, todas fundamentadas no art. 225 da Constituição.

Entretanto, a análise dos riscos ambientais, por si só, não assegura sua gestão eficaz. Mesmo com sistemas de planejamento e controle ambiental, auditorias frequentes e medidas preventivas, os danos ambientais podem ocorrer. Nesse cenário, a responsabilidade civil assume papel central, sendo acionada após a concretização do dano para viabilizar a reparação e desestimular condutas prejudiciais ao meio ambiente.

Benjamin descreve a responsabilidade civil como uma ferramenta jurídica de reação tardia, uma vez que sua atuação ocorre apenas após o dano. Essa característica se deve a três fatores principais: a temporalidade da intervenção, a complexidade dos danos ambientais e a dificuldade de valoração econômica dos bens ambientais afetados. Ainda que haja críticas à internalização das externalidades ambientais, a promoção de práticas empresariais sustentáveis tem-se tornado uma exigência crescente no cenário global.[7]

A sustentabilidade, enquanto conceito central das discussões ambientais desde a década de 1980, busca equilibrar o desenvolvimento econômico e a proteção ambiental. Em um contexto de Estado Ambiental[8] ou Estado de Direito Ecológico,[9] a governança

---

7 BENJAMIN, Antonio Herman V. Responsabilidade civil pelo dano ambiental. **Revista de Direito Ambiental**, São Paulo: Revista dos Tribunais, n. 9, ano 3, jan./mar. 1998.

8 *Vide* KLOEPFER, Michael. A caminho do Estado Ambiental?. In: SARLET, Ingo. **Estado Socioambiental e direitos fundamentais**. Porto Alegre: Livraria do Advogado, 2010.

9 Para uma visão mais detalhada da teoria do Estado de Direito Ecológico, *vide* DINNEBIER, Flávia França; MORATO LEITE, José Rubens (Org.). **Estado de Direito Ecológico: conceito, conteúdo e novas dimensões para a proteção da natureza**. São Paulo: Instituto O Direito por um Planeta Verde, 2017.

ambiental não se restringe à esfera estatal, mas se fortalece por meio do engajamento do setor privado. Assim, a adoção de estratégias sustentáveis pelas empresas não é apenas uma obrigação regulatória, mas um fator estratégico para a resiliência organizacional e a preservação dos recursos naturais para as gerações futuras.

9.2 Da responsabilização à sustentabilidade: desafios e estratégias no direito ambiental

A responsabilização ambiental tem evoluído para além da clássica responsabilidade civil do agente causador direto do dano, abrangendo outros atores envolvidos na cadeia produtiva e financeira. Uma das discussões crescentes na doutrina e na jurisprudência refere-se à responsabilidade das instituições financeiras pelos impactos ambientais de projetos por elas financiados.

O Superior Tribunal de Justiça (STJ), ao julgar o REsp 650.728/SC, adotou uma interpretação ampla do nexo de causalidade nos danos ambientais, estendendo a responsabilidade civil a todos aqueles que, direta ou indiretamente, contribuíram para o dano. O entendimento estabelecido nesse julgamento evidencia a abrangência da responsabilização ambiental, incluindo financiadores e beneficiários dos empreendimentos causadores de danos ambientais:

> [...] para o fim de apuração do nexo de causalidade no dano ambiental, equiparam-se quem faz, quem não faz quando deveria fazer, quem deixa fazer, quem não se importa que façam, quem financia para que façam, e quem se beneficia quando outros fazem.[10]

Bessa Antunes enfatiza a necessidade de as instituições financeiras considerarem a variável ambiental na concessão de crédito para projetos industriais, agrícolas e de infraestrutura, uma vez que tais investimentos implicam riscos ambientais relevantes.[11]

---

10 *Vide* STJ, REsp 650.728/SC, Rel. Min. Herman Benjamin, *DJe* 2-12-2009.

11 ANTUNES, Paulo de Bessa. **Direito ambiental**. 21. ed. São Paulo: Atlas, 2020.

Em consonância com essa perspectiva, o art. 12 da Lei n. 6.938/81 exige que os projetos financiados com recursos públicos cumpram normas ambientais e obtenham o devido licenciamento.

A adoção de programas estruturados de *compliance* ambiental é cada vez mais reconhecida como um fator determinante na avaliação de risco das instituições financeiras. Um caso emblemático ocorreu em uma ação popular no Distrito Federal, que visava suspender a autorização do Conselho Administrativo de Defesa Econômica (Cade) para a expansão de uma mineradora. A Justiça Federal condicionou a continuidade da operação à apresentação de um programa de *compliance* ambiental,[12] decisão posteriormente revertida pelo Tribunal Regional Federal da 1ª Região, que considerou a existência de outras ações tratando da reparação dos danos ambientais.[13]

A transição de um modelo de conformidade meramente reativa para uma abordagem que integre efetivamente a sustentabilidade ambiental exige uma mudança estrutural nas práticas empresariais e regulatórias. A própria definição de sustentabilidade é objeto de amplo debate.

Bosselmann destaca a complexidade do conceito, que envolve valores e princípios, sendo comparável à noção de justiça.[14]

Leme Machado acrescenta que o tempo e a duração dos efeitos ambientais, bem como a equidade intergeracional, são elementos essenciais da sustentabilidade ambiental.[15]

Canotilho, por sua vez, diferencia sustentabilidade em sentido restrito – focada na proteção de longo prazo dos recursos naturais

---

12 *Vide* JFDF, Ação Popular n. 1015425-06.2019.4.01.3400, 5ª Vara Federal Cível.

13 *Vide* TRF 1ª Região, AI 1039887-42.2019.4.01.0000, 6ª Turma, Des. João Batista Moreira.

14 BOSSELMANN, Klaus. **The principle of sustainability: transforming law and governance**. 2nd ed. New York: Routledge, 2016.

15 MACHADO, Paulo Affonso Leme. **Direito ambiental brasileiro**. 26. ed. São Paulo: Malheiros, 2018.

– e sustentabilidade em sentido amplo – baseada na integração dos pilares ecológico, econômico e social.[16]

O jurista português ressalta a necessidade de novos mecanismos de incentivo para a construção de um Estado de Direito Ambiental, afirmando: "Isto implica que, ao lado dos tradicionais esquemas de ordem, permissão e proibição vasados em atos de poder público, se assista ao recurso a diversas formas de 'estímulo' destinadas a promover programas de sustentabilidade (exemplo: política fiscal de incentivo a tecnologia limpa, estímulo para a efetivação de políticas de energia à base de recursos renováveis)".

Em vez de simplesmente impor a obrigatoriedade de programas de *compliance* ambiental ou proibir o financiamento de empresas que não os possuam, a implementação de incentivos pode estimular sua adoção. Entre as estratégias possíveis incluem-se critérios ambientais em licitações públicas e a consideração do *compliance* ambiental na avaliação de compensações ambientais.

Exemplo dessa abordagem pode ser observado no Decreto estadual n. 59.263/2013, que regulamenta a Lei n. 13.577/2009 do Estado de São Paulo.

O decreto prevê a possibilidade de redução do valor da compensação ambiental para empreendimentos que adotem medidas para mitigar riscos de contaminação, podendo essa redução chegar a 100% do valor originalmente estipulado.

Diante desse cenário, a prevenção deve ser o eixo central dos sistemas de gestão ambiental. A adoção de programas robustos de *compliance* ambiental, que incluam monitoramento contínuo, canais de denúncia, auditorias regulares e ações corretivas, é essencial para mitigar riscos e garantir a sustentabilidade das operações empresariais.

Dessa forma, a gestão ambiental deixa de ser apenas um mecanismo de conformidade para se tornar um elemento estratégico na consolidação da sustentabilidade corporativa. Nesse contexto,

---

16 CANOTILHO, José Joaquim Gomes. O princípio da sustentabilidade como princípio estruturante do direito constitucional. **Revista de Estudos Politécnicos**, v. VIII, n. 13, 2010.

a conexão com os princípios ESG (*Environmental, Social and Governance*) torna-se essencial para alinhar as práticas empresariais aos desafios ambientais contemporâneos, promovendo um modelo de negócio mais responsável e resiliente.

O ESG, ao integrar questões ambientais, sociais e de governança na gestão corporativa, fortalece o compromisso com a sustentabilidade e a transparência, fatores cada vez mais exigidos por investidores, consumidores e reguladores.

9.3 A relevância do ESG para a sustentabilidade empresarial

A integração dos aspectos econômicos, ambientais e sociais na gestão empresarial é um fator determinante para a construção de uma sociedade mais equitativa e sustentável. Empresas que negligenciam esses fatores ou se envolvem em práticas antiéticas, como corrupção e degradação ambiental, estão sujeitas a penalidades severas, incluindo a perda de investimentos e a deterioração da reputação no mercado.

O conceito de ESG (*Environmental, Social and Governance*) tem ganhado notoriedade no meio corporativo, impulsionando uma avaliação mais criteriosa das organizações por parte de consumidores, investidores e reguladores. Diante dessa realidade, a implementação de práticas ESG não se restringe ao cumprimento de normativas legais, mas se torna um diferencial estratégico para o sucesso empresarial a longo prazo.

Além das iniciativas tradicionais relacionadas ao ESG, como a melhoria da eficiência energética, a redução do consumo de recursos hídricos, o aprimoramento do ambiente de trabalho, o investimento em projetos sociais e a promoção da diversidade em cargos de liderança, muitas empresas têm adotado estratégias voluntárias para minimizar suas emissões de carbono e tornar suas operações mais sustentáveis.

Adicionalmente, o mercado financeiro tem experimentado uma crescente oferta de títulos sustentáveis, como os títulos verdes (*green bonds*) e os títulos vinculados à sustentabilidade, que direcionam investimentos para projetos alinhados à mitigação das mudanças climáticas. Esse movimento reflete a transição para uma economia baseada em critérios socioambientais e reforça a necessidade de aprofundar a compreensão sobre ESG e seus impactos nos negócios.

O atual cenário de crise climática exige que as empresas assumam um papel mais ativo na promoção da sustentabilidade, consolidando metas concretas para a redução de emissões de carbono e a adoção de estratégias voltadas para a transição ecológica. Dessa forma, a incorporação dos princípios ESG nas estratégias empresariais não uma tendência passageira, mas um imperativo para garantir competitividade, credibilidade e impacto positivo no longo prazo.

9.4 ESG como pilar estratégico para as empresas

O conceito de ESG consolidou-se como um elemento central nas estratégias empresariais contemporâneas, influenciando diretamente a forma como as organizações lidam com desafios relacionados às mudanças climáticas, às práticas trabalhistas e à inovação sustentável. A adoção desse modelo transcende a mera adequação regulatória, tornando-se um diferencial competitivo no cenário global.

Em 2004, a Organização das Nações Unidas, em parceria com vinte instituições financeiras que, juntas, gerenciavam ativos superiores a US$ 6 trilhões, lançou uma iniciativa com o objetivo de integrar aspectos ambientais, sociais e de governança à gestão de ativos empresariais. O resultado desse esforço culminou na publicação do relatório *Who Cares Wins*, que delineou diretrizes voltadas para diferentes partes interessadas, como reguladores, investidores e empresas, destacando os benefícios de uma abordagem estruturada e integrada desses fatores.[17]

---

17 "Empresas com melhor desempenho em relação a essas questões podem aumentar o valor para o acionista, por exemplo, gerenciando adequadamente os riscos, antecipando ações regulatórias ou acessando novos mercados, ao mesmo tempo em que contribuem para o desenvolvimento sustentável das sociedades em que atuam. Além disso, essas questões podem ter um forte impacto na reputação e nas marcas, uma parte cada vez mais importante do valor da empresa." No original:

Desde então, diversas iniciativas foram desenvolvidas para aprimorar os critérios ESG e impulsionar sua adoção nas organizações. Esse movimento tem favorecido a transição do modelo de *shareholder capitalism*, que privilegia exclusivamente os interesses dos acionistas, para o *stakeholder capitalism*, que incorpora uma visão mais ampla, abrangendo investidores, consumidores e a sociedade como um todo.

A implementação eficaz do ESG exige a integração de três pilares fundamentais nas operações empresariais:

1. **Ambiental**: conformidade com normas ambientais, desenvolvimento de ações para mitigação das emissões de gases de efeito estufa e gestão eficiente dos recursos naturais e energéticos.

2. **Social**: respeito às legislações trabalhistas, promoção de condições dignas de trabalho, incentivo à diversidade e inclusão e fortalecimento das relações com a comunidade.

3. **Governança corporativa**: comprometimento dos gestores com a transparência, integridade nas interações com o setor público e privado, além da adoção de mecanismos de prestação de contas e responsabilidade socioambiental.

O avanço e a consolidação das práticas ESG no ambiente corporativo não apenas promovem impactos positivos para a sociedade e para o meio ambiente, mas também fortalecem a resiliência organizacional e a confiança dos *stakeholders*, garantindo maior competitividade e sustentabilidade a longo prazo.

O crescimento dos fundos ESG demonstra o interesse manifesto por esse tipo de investimento. Em 2021, ativos ESG negociados em bolsa e fundos mútuos alcançaram US$ 2,7 trilhões, segundo

---

"Companies that perform better with regards to these issues can increase shareholder value by, for example, properly managing risks, anticipating regulatory action, or accessing new markets, while at the same time contributing to the sustainable development of the societies in which they operate. Moreover, these issues can have a strong impact on reputation and brands, an increasingly important part of company value." UNITED NATIONS, 2004.

estimativas da Bloomberg,[18] refletindo sua atratividade. No entanto, identificar uma estratégia de investimento ESG genuína ainda é desafiador, pois há divergências sobre os critérios que definem esses investimentos.[19]

Além dos tradicionais títulos verdes (*Green Bonds*), direcionados ao financiamento de projetos ambientais, a B3 destaca os títulos sociais (*Social Bonds*), voltados para iniciativas de impacto social positivo, e os títulos de sustentabilidade (*Sustainability Bonds*), que apoiam projetos socioambientais. Adicionalmente, os títulos vinculados à sustentabilidade (*Sustainability-Linked Bonds* – SLB) estão atrelados a metas específicas de sustentabilidade.[20]

A evolução do mercado de títulos sustentáveis tem sido impulsionada por agentes financeiros, novas regulamentações e pelo crescente interesse em financiar a transição para uma economia de baixo carbono. Antes mesmo de a Comissão Europeia lançar sua estratégia de financiamento sustentável em 2021, discussões sobre a padronização do mercado de títulos sustentáveis já estavam em andamento.

Governos, investidores e a sociedade estão buscando alternativas para reduzir as emissões de carbono, tornando as questões climáticas um ponto central nas estratégias empresariais. No Brasil, a mudança do nome do Ministério do Meio Ambiente para Ministé-

---

18 BLOOMBERG. **ESG by the numbers: sustainable investing set records in 2021**. 2022. Disponível em: https://www.bloomberg.com/news/articles/2022-02-03/esg-by-the-numbers-sustainable-investing-set-records-in-2021. Acesso em: 10 mar. 2025.

19 Mark Uyeda, comissário da agência americana SEC (U.S. Securities and Exchange Commission), destaca o crescimento dos investimentos em ESG e os desafios quando se busca a harmonização na abordagem. *Vide* UYEDA, Mark. **ESG: Everything Everywhere All at Once**. 2023. Disponível em: https://www.sec.gov/news/speech/uyeda-remarks-california-40-acts-group#_ftn4. Acesso em: 31 mar. 2025.

20 *Vide* B3. **Títulos Temáticos ESG**. Disponível em: http://www.b3.com.br/pt_br/b3/sustentabilidade/produtos-e-servicos-esg/green-bonds/. Acesso em: 31 mar. 2025.

rio do Meio Ambiente e Mudança do Clima (MMA), conforme a Lei n. 14.600/2023, evidencia a crescente importância do tema.

Nos Estados Unidos, a Securities and Exchange Commission (SEC) tem incentivado a transparência na divulgação de informações relacionadas ao ESG e aos riscos climáticos.

Ainda é incerto como se dará a implementação do Acordo de Paris, mas é evidente que a responsabilidade das empresas nas ações climáticas alcançou um novo patamar. Compromissos mais sólidos e eficazes são exigidos não apenas dos governos, mas também das corporações.

Desde 2021, o Banco Central do Brasil tem avançado na gestão de riscos climáticos, incorporando tais fatores na Política de Responsabilidade Social, Ambiental e Climática (PRSAC) e ampliando regulamentações ligadas ao ESG. Além disso, em janeiro de 2023, entrou em vigor a Resolução CVM n. 59/2021, que introduziu um novo regime de divulgação de informações para empresas de capital aberto, reforçando o modelo "pratique ou explique" e alinhando-se às diretrizes da Força-Tarefa sobre Divulgações Financeiras Relacionadas ao Clima (*Task Force on Climate-related Financial Disclosures* – TCFD).

A TCFD, criada pelo Conselho de Estabilidade Financeira (Financial Stability Board – FSB), tem incentivado maior transparência nas divulgações financeiras relacionadas a riscos climáticos. Seu relatório de 2017 categorizou os riscos climáticos em duas frentes:

1. **Riscos de transição** para uma economia de baixo carbono, incluindo desafios regulatórios, tecnológicos, de mercado e políticas públicas, com potenciais impactos financeiros e reputacionais.
2. **Riscos físicos** associados a eventos extremos e mudanças de longo prazo no clima.

Com a intensificação dos impactos ambientais e sociais, a integração dos princípios ESG na gestão empresarial se torna não apenas uma tendência, mas uma necessidade estratégica para o futuro dos negócios e da sociedade.

9.5 A integração do ESG no mercado de carbono: novas tendências

Cada vez mais, as empresas estão estabelecendo metas voluntárias para reduzir suas emissões de carbono. A precificação do carbono pode ocorrer de diferentes formas, seja por meio da instituição de um imposto sobre carbono, da implementação de um sistema de comércio de emissões ou de um modelo híbrido, no qual os créditos podem ser utilizados para compensar tributações.

Conforme indicado no relatório *Emissions Trading Worldwide 2024*, atualmente existem 36 sistemas de comércio de emissões em operação, abrangendo cerca de 18% das emissões globais de gases de efeito estufa.[21] Além desses mercados regulados, há 22 sistemas adicionais em desenvolvimento ou em fase de discussão. No Brasil, a Lei n. 15.042/2024 estabeleceu, em dezembro de 2024, o Sistema Brasileiro de Comércio de Emissões (SBCE), que forma as bases de estruturação de um mercado regulado de carbono no país.

Em paralelo ao novo sistema criado, o mercado voluntário continua em funcionamento, com o setor privado adotando medidas voluntárias para mitigar ou compensar suas emissões por meio da aquisição de créditos há anos.

Para muitas organizações, a participação no mercado voluntário de carbono e o uso de créditos para compensação fazem parte de uma estratégia de responsabilidade socioambiental e, ao mesmo tempo, servem como preparação para futuras regulamentações obrigatórias. Nesse contexto, a adesão ocorre não por obrigação legal, mas devido à demanda crescente de consumidores e investidores.

O mercado voluntário de carbono tem apresentado um crescimento expressivo mundialmente. Em 2019, pela primeira vez, o padrão *Verified Carbon Standard* (VCS) superou o *Mecanismo de Desenvolvimento Limpo* (MDL), do Protocolo de Quioto, em volume de créditos emitidos. De acordo com o relatório *Voluntary Carbon and the Post-Pandemic Recovery*, entre 2005 e 2019, as transações

---

21 ICAP. **Emissions Trading Worldwide: Status Report 2024**. Berlin: International Carbon Action Partnership, 2024. p. 9.

nesse mercado acumularam mais de 1 bilhão de toneladas de CO_2, totalizando investimentos superiores a US$ 5 bilhões. Em 2019, o volume de compensações negociadas atingiu o maior nível desde 2010.[22]

O Brasil tem uma longa trajetória no mercado de compensações (*offsets*), desenvolvendo projetos e comercializando créditos no cenário internacional. Entretanto, com as recentes mudanças globais e o surgimento de novos mecanismos, é essencial adaptar-se e fomentar novos incentivos e mercados. Um dos mecanismos em ascensão é o pagamento por serviços ambientais (PSA).

O Código Florestal brasileiro prevê a possibilidade de o poder público criar programas para incentivar a conservação ambiental, incluindo o pagamento por serviços ambientais, como a preservação da biodiversidade e a regulação climática. A Política Nacional de Pagamento por Serviços Ambientais, instituída pela Lei n. 14.119/2021, representa um avanço significativo, promovendo uma mudança de abordagem das penalizações para um modelo de incentivos à preservação ambiental.

Apesar dos avanços, ainda há desafios a serem superados para consolidar um mercado doméstico robusto de créditos de carbono, especialmente os de origem florestal. Um dos principais desafios a longo prazo é assegurar a demanda contínua por esses créditos, sobretudo considerando que muitas das atuais iniciativas ainda dependem de compromissos voluntários assumidos pelo setor privado.

Além disso, cresce a expectativa da sociedade, incluindo consumidores e investidores, de que as empresas adotem práticas de responsabilidade socioambiental que ultrapassem as exigências legais. Essa pressão tende a aumentar, tornando a redução das emissões de carbono um elemento essencial das estratégias ESG corporativas.

---

22 DONOFRIO, Stephen; MAGUIRE, Patrick; ZWICK, Steve; MERRY, William. **Voluntary Carbon and the Post-Pandemic Recovery. A Special Climate Week NYC 2020 Installment of Ecosystem Marketplace's State of Voluntary Carbon Markets 2020 Report**. Ecosystem Marketplace, 2020. Disponível em: https://www.ecosystem marketplace.com/carbon-markets/. Acesso em: 31 mar. 2025.

No contexto internacional, questões comerciais relacionadas à pegada de carbono dos produtos têm ganhado relevância em diversos países e podem impactar diretamente as empresas envolvidas no comércio global. Na Europa, desde a implementação do *European Green Deal*, diversas medidas estão sendo implementadas para que os países do bloco alcancem a neutralidade de carbono até 2050.

9.6 Compromisso com a sustentabilidade: a urgência da adesão ao ESG

A incorporação dos princípios ESG no ambiente corporativo tem-se consolidado como um elemento essencial para a sustentabilidade empresarial e para a competitividade no mercado global. A adoção dessas práticas não se limita ao cumprimento de exigências regulatórias, mas responde, sobretudo, à crescente demanda de investidores, consumidores e parceiros comerciais por um modelo de negócios socialmente responsável e ambientalmente sustentável.

Nesse contexto, empresas que implementam estratégias de sustentabilidade e estabelecem metas concretas para a redução e compensação de suas emissões de carbono diferenciam-se no mercado e demonstram comprometimento com um desenvolvimento econômico equilibrado. A integração de práticas ESG não apenas fortalece a reputação corporativa, mas também se configura como um fator decisivo para a atração de investimentos e a construção de relações de confiança com *stakeholders.*

O crescimento expressivo dos investimentos direcionados a organizações que adotam uma cultura fundamentada nos princípios ESG evidencia uma mudança estrutural na dinâmica econômica. Esse fenômeno impõe desafios consideráveis às empresas, exigindo delas não apenas capacidade de adaptação às novas demandas socioambientais, mas também uma postura proativa na construção de um modelo empresarial alinhado às necessidades da sociedade contemporânea. Assim, a adoção de práticas ESG transcende a mera conformidade regulatória, tornando-se um vetor indispensável para a resiliência e a longevidade das organizações no cenário empresarial global.

9.7 Sustentabilidade no agronegócio: oportunidades

A conformidade com a legislação ambiental, social e de governança tornou-se um fator indispensável para a manutenção da competitividade e da reputação das empresas em todos os setores econômicos. A crescente preocupação global com a sustentabilidade tem impulsionado a necessidade de integrar práticas responsáveis tanto na produção quanto na comercialização de bens e serviços.

No contexto do agronegócio, setor de grande relevância para o Produto Interno Bruto (PIB) e as exportações brasileiras, a adoção de princípios ESG é essencial para assegurar sua continuidade e aceitação nos mercados internacionais. A exigência por cadeias produtivas sustentáveis cresce constantemente, tornando imperativo que as empresas do setor adotem medidas que garantam a conservação dos recursos naturais e o respeito às legislações ambientais.

O impacto econômico do agronegócio brasileiro é expressivo. Apenas o capital de giro mobilizado pelas atividades agropecuárias, reflorestamento e aquicultura ultrapassa US$ 100 bilhões, sem considerar outros setores interligados, como a produção de insumos, logística, industrialização e comercialização. Essa representatividade reflete diretamente nas exportações: em março de 2020, enquanto diversas atividades produtivas foram impactadas pelas restrições da pandemia de Covid-19, o agronegócio brasileiro exportou cerca de US$ 9 bilhões, um crescimento de 13,3% em relação ao mesmo período do ano anterior, respondendo por 48,3% das exportações totais do país.[23]

A projeção de crescimento para o setor reforça a necessidade de práticas sustentáveis. Segundo o Ministério da Agricultura, a safra de grãos de 2029/2030 deverá atingir 318,3 milhões de toneladas, um crescimento de 26,9% sobre a safra de 2019/2020.

---

23 PODESTÀ, Inez de. **Exportações do agronegócio totalizam US$ 9,2 bilhões em março**. 2020. Ministério da Agricultura, Pecuária e Abastecimento. Disponível em: https://www.gov.br/agricultura/pt-br/assuntos/noticias/exportacoes-do-agronegocio-totalizam-us-9-2-bilhoes em-marco. Acesso em: 10 mar. 2025.

Esse avanço na produção ocorre em uma taxa anual de 2,4%, enquanto a área plantada cresce a uma taxa menor, de 1,6% ao ano, demonstrando um aumento na produtividade com menor expansão territorial e menor impacto ambiental.[24-25]

O Brasil também se destaca no setor de celulose, sendo referência global. Um exemplo é a inauguração da maior fábrica da América do Sul, localizada em Lençóis Paulista, São Paulo, projetada para produzir até 3 milhões de toneladas anuais de celulose solúvel e branqueada de eucalipto, destinadas majoritariamente à exportação. O crescimento sustentável do setor agroindustrial reforça o papel do país como um dos principais fornecedores mundiais de produtos agrícolas e florestais.

Contudo, o agronegócio enfrenta críticas frequentes, muitas vezes motivadas por interesses comerciais externos, relacionadas ao impacto ambiental da atividade agropecuária. A Constituição Federal de 1988 estabelece a proteção ambiental como um princípio fundamental, associando-a à dignidade humana e à justiça social. Dessa forma, cabe ao poder público, à iniciativa privada e à sociedade a responsabilidade de preservar os recursos naturais para as futuras gerações (art. 225, CF/88).

O Brasil tem um arcabouço legislativo robusto voltado à proteção ambiental, com diretrizes regulatórias que buscam equilibrar o crescimento econômico com a sustentabilidade. O respeito a essas normas, aliado ao compromisso dos produtores com boas práticas, é um fator essencial para garantir a competitividade do agronegócio no cenário internacional.

---

24 MINISTÉRIO DA AGRICULTURA, PECUÁRIA E ABASTECIMENTO (MAPA). **Projeções do Agronegócio 2019-2020 a 2029-2030**. Brasília, 2020. Disponível em: https://www.gov.br/agricultura/pt-br/assuntos/politica-agricola/todas-publicacoes-de-politica-agricola/projecoes-do-agronegocio/projecoes-do-agronegocio_2019_20-a-2029_30.pdf/view. Acesso em: 31 mar. 2025.

25 MINISTÉRIO DA AGRICULTURA, PECUÁRIA E ABASTECIMENTO (MAPA). **Agro Brasileiro é boa alternativa para investimento em títulos verdes**. 19 de março de 2021. Disponível em: https://www.gov.br/agricutura/pt-br/assuntos/noticias/agro-brasileiro-e-boa-alternativa-para-investimento-em-titulos-verdes-diz-ministra. Acesso em: 31 mar. 2025.

9.8 O ESG e o agronegócio: integração sustentável

Os princípios de governança ambiental, social e corporativa vêm ganhando crescente relevância, sendo um critério essencial para investidores e mercados internacionais. Empresas que não se adéquam a esses critérios podem enfrentar restrições comerciais. Além disso, a *Task Force on Climate-related Financial Disclosures* (TCFD), criada pelo Conselho de Estabilidade Financeira (FSB), desempenha um papel importante na regulação financeira internacional ao divulgar relatórios sobre riscos climáticos, influenciando diretamente o financiamento do setor agropecuário no Brasil.

Diante das crescentes pressões da sociedade internacional e das novas regulamentações, países já cogitam a implementação de auditorias rigorosas sobre as práticas de ESG na produção de *commodities* agrícolas. Para garantir acesso ao mercado global e manter sua competitividade, os produtores brasileiros devem atentar a temas como mudanças climáticas, uso racional de recursos naturais, condições de trabalho e cumprimento de normas ambientais.

A internalização dos princípios ESG no agronegócio não apenas garante a conformidade com exigências legais e comerciais, mas também fortalece sua posição no mercado global. O setor agropecuário desempenha um papel central no desenvolvimento econômico do Brasil e, ao incorporar práticas sustentáveis, pode consolidar sua relevância de forma responsável, contribuindo para a preservação ambiental e a promoção da justiça social.

O direito ambiental, como principal instrumento regulador da vida em sociedade, oferece os mecanismos necessários para assegurar a compatibilização das atividades agropecuárias com a proteção ambiental. A legislação brasileira, com suas normas e diretrizes, proporciona garantias robustas para que o agronegócio avance de forma sustentável, promovendo um equilíbrio entre o crescimento econômico e a preservação dos recursos naturais.

CONCLUSÕES

A globalização promoveu uma integração de mercados sem precedentes ao longo do século XX, e o próprio Estado Moderno e sua estrutura federativa interna e de regulação sofreram modificações em face da dinâmica social e econômica da sociedade.

É claro que a globalização trouxe significativos avanços para os países desenvolvidos e os que ainda estão em desenvolvimento. Porém, o problema da poluição ambiental somente chegou aos patamares atuais em razão do modo como esse processo de globalização foi gerido.

Houve, também, o agravamento da situação de degradação em razão da inegável participação das grandes empresas no mercado e de uma falha no desenvolvimento das normas e das instituições com essa sociedade industrializada, onde os princípios legais de proteção ambiental, os conceitos de regulação e as técnicas de proteção em algum momento falharam ou foram omissos.

Os mercados foram abertos e a nova ordem econômica que se instalou pressupõe cuidados que fogem do alcance tão somente do Estado.

A escassez de recursos naturais rendeu ensejo a dezenas de acordos multilaterais envolvendo a discussão ambiental e o limite do crescimento em face da finitude desses recursos.

Foi necessária uma análise ambiental dentro do contexto econômico, principalmente porque do meio ambiente e das relações com a natureza advêm os insumos para a produção industrial. A relação do homem com o meio ambiente não pode ser totalmente substituída pelas formas artificiais de produção, como os materiais sintéticos e as fontes renováveis de energia.

Os riscos ambientais em proporções globais são a característica inovadora da sociedade moderna, sendo que nesta época a diferença está na sua abrangência global, onde os danos não ficam restritos ao espaço geográfico em que a atividade perigosa foi produzida.

Dadas essas dimensões globais, uma das maneiras para o Estado alcançar o objetivo de proteção do meio ambiente é através da intervenção na economia, por meio de normas que regulem o comércio.

Porém, em face de um sabido recuo estatal e do avanço das empresas nas últimas décadas, o Estado perdeu um pouco do seu controle e precisou contar com o apoio da regulação sobre a atuação das grandes corporações.

Essa crise ou pseudofalência do Estado, com sua bancarrota financeira, fragilizou sua capacidade de intervir na economia e de intervir nas relações comerciais.

No entanto, a livre concorrência e as empresas não poderiam ficar sem controle, para que fossem evitados abusos e eventuais distorções do mercado.

O papel do Estado, em fins do século passado, teve de controlar a microrracionalidade das empresas e manter a macrorracionalidade da sociedade, na medida em que a globalização ameaça os países com exclusão social, marginalização, competição acirrada, destruição de alguns serviços públicos e desintegração social.

Portanto, o bom funcionamento de uma economia de mercado sempre vai depender de regras jurídicas estáveis e seguras, garantidoras da atenção dos direitos humanos e dos princípios insculpidos em torno deles.

Resta claro que através da regulação estatal e da gestão dos recursos naturais os sujeitos públicos podem desenvolver condutas ambientais corretas. Não é o modelo livre, liberal, que deve imperar na sociedade desenvolvida, mas sim aquele onde o Estado atua em consonância com o mercado e a economia, buscando conferir subsídios para o atendimento do seu objetivo social.

Assim, a expansão econômica do mercado global e das grandes empresas deixa de ser um fim puramente econômico para se tornar uma condição de redução de disparidades e aproximação de garantia dos direitos fundamentais, com a devida observância por todas as partes interessadas, sejam os Estados ou as empresas envolvidas nesse processo de interação.

As grandes empresas multinacionais não representam o que há de errado na globalização, ainda que sempre busquem enxugar custos e ampliar lucros, essas corporações também acabam levando o desenvolvimento aos países periféricos, elevando o padrão de vida e tornando acessíveis produtos de primeira necessidade.

É certo que o livre comércio, desimpedido de freios e barreiras, pode conduzir a enormes casos de degradação ambiental, perda de recursos e fuga de investimentos. Enfim, o mercado não é bom nem mau, mas é individualista, tem preocupação com o lucro e com a iniciativa privada.

E também não se pode exigir do mercado uma visão social e humanitária, ou seja, filantrópica, pois essa é a função do Estado. Por isso são necessários instrumentos jurídicos para impor restrições e promover atitudes sociais.

A regulação econômica existe, portanto, para suprir as falhas de mercado e promover o bem-estar social, intervindo na atividade econômica e industrial a fim de dar resposta aos anseios sociais da modernidade.

Ultimamente, o próprio mercado começou a mostrar as reais necessidades de políticas ambientais por parte dos grandes conglomerados econômicos, transformando políticas empresariais ambientais em lucro, a exemplo das inúmeras empresas que adotam padrões ambientais internos.

Assim, estratégias ambientais de sustentabilidade e responsabilidade social passaram a ser elementos indispensáveis para as empresas.

A responsabilidade social empresarial foi vista como um bom negócio, sugerindo que as empresas "socialmente responsáveis" estivessem de acordo com a moral e a ética empresarial, bem como de acordo com a legislação ambiental do país onde fosse instalada.

Exemplos como a auditoria ambiental (*Eco-Management Audit Scheme – EMAS*), os *standards* desenvolvidos por entidades nacionais e internacionais, como a *British Standard Association* (*BSA*) e a *International Standards Organization* (*ISO*), a variação das auditorias, como as *Environmental Due Diligences*, e os seguros ambientais mostraram o quão sustentável uma empresa pode ser.

Não se pode olvidar também os índices de sustentabilidade BOVESPA e *Dow Jones* e os Fundos Verdes (*The Green Funds Scheme*), criados na Holanda, voltados para a promoção de "investimentos verdes", bem como os exemplos paraestatais do FSC (*Forest Stewardship Council*) e do LEED (*Leadership in Energy and Environmental Design*).

Portanto, revelou-se claro que a nova geração de empresas e negócios deve estar atenta para as questões ambientais e para o fato de que a implementação de políticas que incluam o desenvolvimento sustentável, independente da imposição regulatória estatal, fará enorme diferença no mercado das próximas décadas.

As questões ambientais estão mudando o curso dos negócios em todo o mundo, e estratégias ligadas a custos, imagem, qualidade, serviços devem fazer parte da logística ambiental das empresas nesse competitivo mercado verde. Basta mencionar que as empresas mais competitivas, e, quiçá, bem-sucedidas, geralmente são aquelas cujo comprometimento ambiental aparece para o público consumidor, pois agregam valor aos seus produtos e serviços.

A participação desses *global players* que sabem atuar em todos os mercados, em toda parte, com extrema facilidade, e com respeito ao meio ambiente, é de extrema importância no rumo da globalização.

Não cabe indagar se a responsabilidade social da empresa é um meio de atingir objetivos comerciais, mas, sim, espera-se que ela efetivamente traga resultados para a coletividade.

REFERÊNCIAS

ALIER, Joan Martinez. **Da economia ecológica ao ecologismo popular**. Blumenau: FURB, 1998.

ALMEIDA, Fernando. **Os desafios da sustentabilidade. Uma ruptura urgente**. Rio de Janeiro: Elsevier, 2007.

AMARAL, Antônio Carlos Rodrigues do (Coord.). **Direito do comércio exterior**. São Paulo: Aduaneiras, 2004.

AMARAL JUNIOR, Alberto do. **A solução de controvérsias na OMC**. São Paulo: Atlas, 2008.

ANTUNES, Paulo de Bessa. **Direito ambiental**. 21. ed. São Paulo: Atlas, 2020.

ANTUNES, Paulo de Bessa. **Proteção ambiental nas atividades de exploração e produção de petróleo**. Rio de Janeiro: Lumen Juris, 2003.

APGAR, David. **Risk Intelligence. Learning to Manage What We Don't Know**. Massachusetts: Harvard Business School Press, 2006.

ARAGÃO, Alexandre Santos de. Regulação da economia: conceito e características contemporâneas. In: PECI, Alketa (Org.). **Regulação no Brasil: Desempenho, governança, avaliação**. São Paulo: Atlas, 2007, p. 31-71.

ARAÚJO, Gisele Ferreira de. A responsabilidade social empresarial (RSE) e o desenvolvimento sustentável no contexto do moderno direito regulatório – iminência de um instituto jurídico? In: SOUZA, Carlos Aurélio Mota de (Org.). **Responsabilidade social das empresas**. São Paulo: Juarez de Oliveira, 2007, p. 111-130.

AYALA, Patryck de Araújo. A Proteção Jurídica das Futuras Gerações na Sociedade de Risco Global: o Direito ao Futuro na Ordem Constitucional

Brasileira. In: FERREIRA, Heline Sivini; LEITE, José Rubens Morato (Orgs.). **Estado de direito ambiental: Tendências. Aspectos constitucionais e diagnósticos**. Rio de Janeiro: Forense Universitária, 2004, p. 229-268.

B3. **Títulos Temáticos ESG**. Disponível em: http://www.b3.com.br/pt_br/b3/sustentabilidade/produtos-e-servicos-esg/green-bonds/. Acesso em: 31 mar. 2025.

BAKAN, Joel. **A corporação. A busca patológica por lucro e poder**. São Paulo: Novo Conceito Editora, 2008.

BARBIERI, José Carlos. **Gestão ambiental empresarial. Conceitos, modelos e instrumentos**. São Paulo: Saraiva, 2004.

BEARD, Mary. **SPQR: Uma história da Roma Antiga**. São Paulo: Planeta, 2023.

BECK, Ulrich. **World Risk Society**. Cambridge: Polity Press, 1999.

BECK, Ulrich. **La Sociedad del Riesgo: Hacia una Nueva Modernidad.** Barcelona: Paidós, 1998.

BECK, Ulrich. **Sociedade de Risco**. Editora 34, 2011.

BECK, Ulrich; GIDDENS, Anthony; LASH, Scott. **Modernização reflexiva**. São Paulo: Unesp, 1997.

BEDONI, Marcelo. **Direito ambiental e direito climático no ordenamento jurídico brasileiro**. Rio de Janeiro: Lumen Juris, 2023.

BELLO FILHO, Ney de Barros. Teoria do Direito e Ecologia: Apontamentos para um direito ambiental no século XXI. In: FERREIRA, Heline Sivini; LEITE, José Rubens Morato (Orgs.). **Estado de direito ambiental: Tendências. Aspectos constitucionais e diagnósticos**. Rio de Janeiro: Forense Universitária, 2004, p. 71-108.

BENJAMIN, Antonio Herman V. Responsabilidade civil pelo dano ambiental. **Revista de Direito Ambiental**, São Paulo: Revista dos Tribunais, n. 9, ano 3, jan./mar. 1998.

BERGSTRAND, Jeffrey H. **Empresa global: 25 princípios para operações internacionais**. São Paulo: Publifolha, 2002.

BERNSTEIN, Paul. **Against the Gods: The Remarkable Story of Risks**. West Sussex: John Wiley & Sons Inc., 1996.

BIFANO, Elidie Palma; CARVALHO, Cassius Vinicius de. Soberania e globalização. In: SANTI, Eurico Marcos Diniz de; ZILVETI, Fernando Aurélio (Coord.). **Direito tributário: Tributação internacional**. São Paulo: Saraiva, 2007, p. 60-79.

BLOOMBERG. **ESG by the numbers: sustainable investing set records in 2021**. 2022. Disponível em: https://www.bloomberg.com/news/articles/2022-02-03/esg-by-the-numbers-sustainable-investing-set-records-in-2021. Acesso em: 10 mar. 2025.

BONAVIDES, Paulo. **Do estado liberal ao estado social**. 7. ed. São Paulo: Malheiros, 2004.

BORGES, José Souto Maior. **Curso de direito comunitário**. São Paulo: Saraiva, 2005.

BORN, Rubens Harry. Mudanças climáticas. In: FARIAS, Talden; TRENNEPOHL, Terence. **Direito ambiental brasileiro**. São Paulo: Revista dos Tribunais, 2019.

BOSSELMANN, Klaus. **The principle of sustainability: transforming law and governance**. 2nd ed. New York: Routledge, 2016.

BUCK, Susan J. **Understanding Environmental Administration and Law**. 2nd ed. Washington: Island Press, 1996.

Business and the Environment: Policy Incentives and Corporate Responses. OECD, 2007.

CANOTILHO, José Joaquim Gomes. Estado constitucional ecológico e democracia sustentada. In: FERREIRA, Heline Sivini; LEITE, José Rubens Morato (Orgs.). **Estado de direito ambiental: Tendências. Aspectos constitucionais e diagnósticos**. Rio de Janeiro: Forense Universitária, 2004, p. 3-16.

CANOTILHO, José Joaquim Gomes. O princípio da sustentabilidade como princípio estruturante do direito constitucional. **Revista de Estudos Politécnicos**, v. VIII, n. 13, 2010.

CARNEIRO, Ricardo. **Direito ambiental. Uma abordagem econômica**. Rio de Janeiro: Forense, 2001.

CARSON, Rachel. **Silent Spring**. New York: Houghton Mifflin Company, 1994.

CAVALCANTI, Francisco de Queiroz Bezerra. Considerações sobre incentivos fiscais e globalização. In: MARTINS, Ives Gandra da Silva; ELALI, André; PEIXOTO, Marcelo Magalhães. **Incentivos fiscais. Questões pontuais nas esferas federal, estadual e municipal**. São Paulo: MP, 2007, p. 169-192.

CORREIO BRAZILIENSE. **Onda verde**. Distrito Federal, 29-7-2008.

COULANGES, Fustel de. **A cidade antiga**. São Paulo: Martin Claret, 2020.

CUÉLLAR, Leila. **As agências reguladoras e seu poder normativo**. São Paulo: Dialética, 2001.

CUNHA, Paulo. A Globalização, a Sociedade de Risco, a Dimensão Preventiva do Direito e o Ambiente. FERREIRA, Heline Sivini; LEITE, José Rubens Morato (Orgs.). **Estado de direito ambiental: Tendências. Aspectos constitucionais e diagnósticos**. Rio de Janeiro: Forense Universitária, 2004, p. 109-147.

CUNHA JR., Dirley da. **Curso de direito administrativo**. 7. ed. Salvador: JusPodivm, 2009.

CUNHA JR., Dirley da. **Curso de direito constitucional**. 2. ed. Salvador: JusPodivm, 2008.

DAHLMAN, Carl. Technology, Globalization, and International Competitiveness: Challenges for Developing Countries. In: **Industrial Development for the 21st Century**. Edited by David O'Connor and Mónica Kjöllerström. Zed Books, 2008, p. 29-63.

DANTAS, Ivo. **Constituição e processo**. 2. ed. Curitiba: Juruá, 2007.

DANTAS, Ivo. **Direito constitucional econômico. Globalização e constitucionalismo**. Curitiba: Juruá, 2005.

DAVIES, Peter G. G. **European Union Environmental Law: A Introduction to Key Selected Issues**. England: Ashgate Publishing, 2004.

DERANI, Cristiane. **Direito ambiental econômico**. 3. ed. São Paulo: Saraiva, 2008.

DIAMOND, Jared. **Colapso – Como as sociedades escolhem o fracasso ou o sucesso**. São Paulo: Record, 2005.

DIAS, Reinaldo. **Gestão ambiental. Responsabilidade social e sustentabilidade**. São Paulo: Atlas, 2006.

DIMOULIS, Dimitri. Fundamentação constitucional dos processos econômicos: reflexões sobre o papel econômico do direito. In: SABADELL, Ana Lucia; DIMOULIS, Dimitri; MINHOTO, Laurindo Dias. **Direito social, regulação econômica e crise do estado**. Rio de Janeiro: Revan, 2006, p. 77-152.

DI PIETRO, Maria Sylvia Zanella. Omissões na atividade regulatória do estado e responsabilidade civil das agências reguladoras. In: FREITAS, Juarez (Org.). **Responsabilidade civil do Estado**. São Paulo: Malheiros, 2006, p. 249-267.

D'ISEP, Clarissa Ferreira Macedo. **Direito ambiental econômico e a ISO 14000**. São Paulo: Revista dos Tribunais, 2004.

DINNEBIER, Flávia França; MORATO LEITE, José Rubens (Org.). **Estado de Direito Ecológico: conceito, conteúdo e novas dimensões para a proteção da natureza**. São Paulo: Instituto O Direito por um Planeta Verde, 2017.

DONOFRIO, Stephen; MAGUIRE, Patrick; ZWICK, Steve; MERRY, William. **Voluntary Carbon and the Post-Pandemic Recovery. A Special Climate Week NYC 2020 Installment of Ecosystem Marketplace's State of Voluntary Carbon Markets 2020 Report**. Ecosystem Marketplace, 2020. Disponível em: https://www.ecosystemmarketplace.com/carbon-markets/. Acesso em: 31 mar. 2025.

DOUGLAS, Mary. **La aceptabilidad del riesgo según las ciencias sociales**. Barcelona: Paidós, 1996.

DUTRA, Pedro. **Livre concorrência e regulação de mercados. Estudos e pareceres**. Rio de Janeiro: Renovar, 2003.

ELALI, André. Algumas ponderações a respeito da concorrência fiscal internacional. In: MARTINS, Ives Gandra da Silva; ELALI, André; DE BAKER, Jean-Marie; LEPIÈCE, Annabelle. **Temas de tributação e direito internacional**. São Paulo: MP Editora, 2008, p. 37-87.

ELKINGTON, John. **Canibais com garfo e faca**. São Paulo: Makron Books, 2001.

ENEI, José Virgílio Lopes. Project finance. **Financiamento com foco em empreendimentos (parcerias público-privadas, leveraged, buy--outs e outras figuras afins)**. São Paulo: Saraiva, 2007.

ESTY, Daniel C.; WINSTON, Andrew S. **Green to Gold. How Smart Companies Use Environmental Strategy to Innovate, Create Value, and Build Competitive Advantage**. New Haven: Yale University Press, 2006.

ESTY, Daniel C.; WINSTON, Andrew S. **Green to Gold. How Smart Companies Use Environmental Strategy to Innovate, Create Value, and Build Competitive Advantage**. Revised and updated Edition by John Wiley & Sons, Inc. Hoboken, New Jersey, 2009.

FERNANDES, Edison Carlos. **Paz tributária entre as Nações. Teoria da aproximação tributária na formação dos blocos econômicos**. São Paulo: MP Editora, 2006.

FIGUEIREDO, Lúcia Valle. A atividade de fomento e a responsabilidade estatal. In: FREITAS, Juarez (Org.). **Responsabilidade civil do Estado**. São Paulo: Malheiros, 2006, p. 198-207.

FINDLEY, Robert W.; FARBER, Daniel A. **Environmental Law**. Minnesota: West Publishing Co., 1996.

FIORILLO, Celso Antônio Pacheco. **Princípios do processo ambiental**. São Paulo: Saraiva, 2003.

FREITAS, Juarez. Responsabilidade civil do Estado e o princípio da proporcionalidade: Vedação ao excesso e de inoperância. In: FREITAS, Juarez (Org.). **Responsabilidade civil do Estado**. São Paulo: Malheiros, 2006, p. 170-197.

FRIEDMAN, Thomas L. **Hot, Flat and Crowded. Why the World Needs a Green Revolution – And How We Can Renew our Global Future**. London: Penguin Books Ltd., 2008.

FRIEDMAN, Thomas L. **O mundo é plano. Uma breve história do século XXI**. Rio de Janeiro: Objetiva, 2005.

GALBRAITH, John Kenneth. **A era da incerteza**. 5. ed. São Paulo: Pioneira, 1983.

GAMA JR., Lauro. **Contratos internacionais à luz dos princípios do UNIDROIT 2004. Soft law, arbitragem e jurisdição**. Rio de Janeiro: Renovar, 2006.

GAZETA MERCANTIL. **Cresce número de "empregos verdes"**. São Paulo, 28-10-2008.

GOLEMAN, Daniel. **Ecological Intelligence. Knowing the Hidden Impacts of What We Buy.** London: Penguin Books Ltd. 2009.

GONÇALVES, Everton das Neves; STELZER, Joana. Law and Economics e o justo direito do comércio internacional. In: BARRAL, Welber; PIMENTEL, Luiz Otávio (Orgs.). **Teoria jurídica e desenvolvimento.** Florianópolis: Fundação Boiteux, 2006, p. 37-70.

GRAEBER, David; WENGROW, David. **O despertar de tudo: Uma nova história da humanidade.** São Paulo: Companhia das Letras, 2022.

GRAU, Eros Roberto. **A ordem econômica na Constituição de 1988.** 10. ed. São Paulo: Malheiros, 2006.

GREENSPAN, Alan. **A era da turbulência. Aventuras em um novo milênio.** Rio de Janeiro: Elsevier, 2008.

GRIZZI, Ana Luci Limonta Esteves. **Direito ambiental aplicado aos contratos.** Porto Alegre: Verbo Jurídico, 2008.

GUERRA, Sérgio. **Controle judicial dos atos regulatórios.** Rio de Janeiro: Lumen Juris, 2005.

GUIVANT, Julia S. A teoria da sociedade de risco de Ulrich Beck: entre o diagnóstico e a profecia. **Estudos Sociedade e Agricultura.** Rio de Janeiro, n. 16, abr. 2001.

HÄBERLE, Peter. A dignidade humana como fundamento da comunidade estatal. In: SARLET, Ingo Wolfgang (Org.). **Dimensões da dignidade. Ensaios de filosofia do direito e direito constitucional.** Porto Alegre: Livraria do Advogado, 2005, p. 89-152.

HAWKEN, Paul. **Blessed Unrest. How the Largest Movement in the World Came Into Being and Why No One Saw it Coming.** New York: Penguin Group, 2007.

HAWKEN, Paul; LOVINS, Amory; LOVINS, L. Hunter. **Capitalismo natural: criando a próxima revolução industrial.** São Paulo: Cultrix, 2007.

HAY, Bruce L.; STAVINS, Robert N.; VIETOR, Richard H. K. **Environmental protection and the social responsibility of firms: perspectives from law, economics, and business.** Washington: RFF Press Books, 2005.

HURREL, Andrew; KINGSBURY, Benedict. **The International Politics of the Environment: An Introduction**. New York: Oxford University Press Inc., 1992.

HUSNI, Alexandre. **Empresa socialmente responsável. Uma abordagem jurídica e multidisciplinar**. São Paulo: Quartier Latin, 2007.

ICAP. **Emissions Trading Worldwide: Status Report 2024**. Berlin: International Carbon Action Partnership, 2024.

KLOEPFER, Michael. "A caminho do Estado Ambiental?. In: SARLET, Ingo. **Estado Socioambiental e direitos fundamentais**. Porto Alegre: Livraria do Advogado, 2010.

KLOEPFER, Michael. Vida e dignidade da pessoa humana. In: SARLET, Ingo Wolfgang (Org.). **Dimensões da dignidade. Ensaios de filosofia do direito e direito constitucional**. Porto Alegre: Livraria do Advogado, 2005, p. 153-184.

KRELL, Andreas Joachim. **Leis de normas gerais, regulamentação do Poder Executivo e cooperação intergovernamental em tempos de reforma federativa**. Belo Horizonte: Fórum, 2008.

KRELL, Andreas Joachim. **O município no Brasil e na Alemanha – Direito e Administração Pública comparados**. São Paulo: Oficina Municipal, 2003.

LEITE, José Rubens Morato; AYALA, Patryck de Araújo. Novas Tendências e Possibilidades do Direito Ambiental do Brasil. In: WOLKMER, Antônio Carlos; LEITE, José Rubens Morato (Orgs.). **Os "novos" direitos no Brasil. Natureza e perspectivas**. São Paulo: Saraiva, 2003, p. 181-292.

LEITE, José Rubens Morato; AYALA, Patryck de Araújo. **Direito ambiental na sociedade de risco**. Rio de Janeiro: Forense Universitária, 2002.

LONDON, Caroline. **Environment et Instruments Économiques et Fiscaux**. Paris: Librairie Générale de Droit e Jurisprudence, 2001.

LOSS, Giovane Ribeiro. **A regulação setorial do gás natural**. Belo Horizonte: Fórum, 2007.

MACHADO, Paulo Affonso Leme. **Direito ambiental brasileiro**. 26. ed. São Paulo: Malheiros, 2018.

MACHADO, Paulo Affonso Leme. **Direito à informação e meio ambiente**. São Paulo: Malheiros, 2006.

MAGALHÃES, Luiz Roberto Paranhos de. **Subsídios na disciplina da Organização Mundial do Comércio – OMC. A necessidade de maior liberdade para ação governamental nos países em desenvolvimento**. Rio de Janeiro: Forense, 2007.

MARCOVITCH, Jaques. **Para mudar o futuro. Mudanças climáticas, políticas públicas e estratégias empresariais**. São Paulo: Saraiva, 2006.

MARQUES, Angélica Bauer. A cidadania ambiental e a construção do estado de direito do meio ambiente. In: FERREIRA, Heline Sivini; LEITE, José Rubens Morato (Orgs.). **Estado de direito ambiental: Tendências. Aspectos constitucionais e diagnósticos**. Rio de Janeiro: Forense Universitária, 2004, p. 169-186.

MARTINS, Ives Gandra da Silva. Aproximação dos Sistemas Tributários. Considerações sobre a Concorrência Fiscal Internacional. In: MARTINS, Ives Gandra da Silva; ELALI, André; DE BAKER, Jean-Marie; LEPIÈCE, Annabelle. **Temas de tributação e direito internacional**. São Paulo: MP Editora, 2008, p. 7-35.

MARTINS, Ives Gandra da Silva. Os modelos sociais: a caminho de um novo paradigma? In: SOUZA, Carlos Aurélio Mota de (Org.). **Responsabilidade social das empresas**. São Paulo: Juarez de Oliveira, 2007, p. 1-10.

MARTINS, Ives Gandra da Silva. **Uma teoria do tributo**. São Paulo: Quartier Latin, 2005.

MENEZES, Paulo Roberto Brasil Teles de. O direito do ambiente na era de risco: perspectivas de mudança sob a ótica emancipatória. **Revista de Direito Ambiental**, Ano 8, n. 32, out.-dez. 2003. São Paulo: Revista dos Tribunais, 2003, p. 123-144.

MILARÉ, Édis. **Direito do ambiente**. 11. ed. São Paulo: Thomson Reuters, 2018.

MINISTÉRIO DA AGRICULTURA, PECUÁRIA E ABASTECIMENTO (MAPA). **Agro Brasileiro é boa alternativa para investimento em títulos verdes**. 19 de março de 2021. Disponível em: https://www.gov.br/agricultura/pt-br/assuntos/noticias/agro-brasileiro-e-boa-alternativa-para-investimento-em-titulosverdes-diz-ministra. Acesso em: 31 mar. 2025.

MINISTÉRIO DA AGRICULTURA, PECUÁRIA E ABASTECIMENTO (MAPA). **Projeções do Agronegócio 2019-2020 a 2029-2030**. Brasília, 2020. Disponível em: https://www.gov.br/agricultura/pt-br/assuntos/politica-agricola/todas-publicacoes-de-politica-agricola/projecoes-do-agronegocio/projecoes-do-agronegocio_2019_20-a-2029_30.pdf/view. Acesso em: 31 mar. 2025.

MINOIS, Georges. **História do futuro**. São Paulo: Editora Unesp, 2015.

MORATO LEITE, José Rubens; AYALA, Patrick de Araújo. **Direito ambiental na sociedade de risco**. Rio de Janeiro: Forense Universitária, 2004.

MORRIS, Charles R. **Os magnatas: como Andrew Carnegie, John D. Rockefeller, Jay Gould e J. P. Morgan inventaram a supereconomia americana**. 3. ed. Porto Alegre: L&PM, 2007.

MOURA, Luiz Antônio Abdalla de. **Qualidade e gestão ambiental**. 4. ed. São Paulo: Juarez de Oliveira, 2004.

NASCIMENTO E SILVA, Geraldo Eulálio do. **Direito ambiental internacional**. 2. ed. Rio de Janeiro: Thex Ed., 2002.

NESTER, Alexandre Wagner. **Regulação e concorrência (compartilhamento de infraestruturas e redes)**. São Paulo: Dialética, 2006.

NÓBREGA, Marcos Antônio Rios. **Previdência dos servidores públicos**. Belo Horizonte: Del Rey, 2006.

NÓBREGA, Marcos Antônio Rios; FERREIRA, Cláudio; RAPOSO, Fernando; BRAGA, Henrique. **Comentários à Lei de Responsabilidade Fiscal**. 2. ed. São Paulo: Revista dos Tribunais, 2001.

NOGUEIRA, Alberto. **Globalização, regionalizações e tributação. A nova matriz mundial**. Rio de Janeiro: Renovar, 2000.

NUSDEO, Ana Maria de Oliveira. Mudanças climáticas e os instrumentos jurídicos adotados pela legislação brasileira para o seu combate. In: NUSDEO, Ana Maria de Oliveira; TRENNEPOHL, Terence (Coords.). **Temas de direito ambiental econômico**. São Paulo: Revista dos Tribunais, 2019.

NUSDEO, Ana Maria de Oliveira. **Pagamento por serviços ambientais: sustentabilidade e disciplina jurídica**. São Paulo: Atlas, 2012.

OLIVEIRA, Bárbara da Costa Pinto. **Meio ambiente e desenvolvimento na Organização Mundial do Comércio. Normas para um comércio internacional sustentável**. São Paulo: IOB Thomson, 2007.

OLIVEIRA, Gesner; RODAS, João Grandino. **Direito e economia da concorrência**. Rio de Janeiro: Renovar, 2004.

OLIVEIRA, Silvia Menicucci de. **Barreiras não tarifárias no comércio internacional e direito ao desenvolvimento**. Rio de Janeiro: Renovar, 2005.

PERCIVAL, Robert V.; SCHROEDER, Christopher H.; MILLER, Allan S.; LEAPE, James P. **Environmental Regulation: Law, Science and Policy**. New York: Aspen Publishers, 2003.

PINHEIRO, Armando Castelar; SADDI, Jairo. **Direito, economia e mercado**. Rio de Janeiro: Elsevier, 2005.

PINKER, Stephen. **O novo Iluminismo: Em defesa da razão, da ciência e do humanismo**. São Paulo: Companhia das Letras, 2018.

PODESTÀ, Inez de. **Exportações do agronegócio totalizam US$ 9,2 bilhões em março**. 2020. Ministério da Agricultura, Pecuária e Abastecimento. Disponível em: https://www.gov.br/agricultura/pt-br/assuntos/noticias/exportacoes-do-agronegocio-totalizam-us-9-2-bilhoes-em-marco. Acesso em: 10 mar. 2025.

PONTES DE MIRANDA, Francisco Cavalcanti. **Introdução à política científica**. Rio de Janeiro: Forense, 1983.

POSNER, Richard A. Teorias da regulação econômica. In: MATTOS, Paulo (Coord.). **Regulação econômica e democracia: O debate norte-americano**. São Paulo: Ed. 34, 2004.

RAO, P. K. **International Environmental Law and Economics**. Massachusetts: Blackwell Publishers Inc., 2002.

RÉGIS, André. **O novo federalismo brasileiro**. Rio de Janeiro: Forense, 2009.

RÉGIS, André. **Intervenções nem sempre humanitárias: O realismo das relações internacionais**. João Pessoa: Editora Universitária/UFPB, 2006.

REZEK, Francisco. **Direito internacional público**. 10. ed. São Paulo: Saraiva, 2006.

RIBEIRO, Wagner Costa. **A ordem ambiental internacional**. 2. ed. São Paulo: Contexto, 2005.

ROCHA, Julio César de Sá da. Globalização e tutela do meio ambiente. In: LEÃO, Adroaldo; PAMPLONA FILHO, Rodolfo (Coords.). **Globalização e direito**. Rio de Janeiro: Forense, 2002, p. 137-149.

ROSA, Alexandre Morais da; LINHARES, José Manoel Aroso. **Diálogos com a Law & Economics**. Rio de Janeiro: Lumen Juris, 2009.

ROSSI, Fabiano Leitoguinho. **Regime jurídico das empresas transnacionais**. São Paulo: IOB Thomson, 2006.

SABADELL, Ana Lucia. A tutela ambiental entre Estado e Mercado. Competitividade e bem-estar no Estado Social. In: SABADELL, Ana Lucia; DIMOULIS, Dimitri; MINHOTO, Laurindo Dias. **Direito Social, regulação econômica e crise do Estado**. Rio de Janeiro: Revan, 2006, p. 11-76.

SACHS, Jeffrey D. **Common Wealth. Economics for a Crowded Planet**. New York: Penguin Press, 2008.

SADELEER, Nicolas de. **Environmental Principles – From Political Slogans to Legal Rules**. New York: Oxford University Press Inc., 2002.

SALES, Rodrigo. **Auditoria ambiental. Aspectos jurídicos**. São Paulo: LTr, 2001.

SANTIAGO, Luciano Sotero. **Direito da concorrência. Doutrina e jurisprudência**. Salvador: JusPodivm, 2008.

SARLET, Ingo Wolfgang. **Dignidade da pessoa humana e direitos fundamentais na Constituição Federal de 1988**. 5. ed. Porto Alegre: Livraria do Advogado, 2007.

SARLET, Ingo Wolfgang. As dimensões da dignidade da pessoa humana: construindo uma compreensão jurídico-constitucional necessária e possível. In: SARLET, Ingo Wolfgang (Org.). **Dimensões da dignidade. Ensaios de filosofia do direito e direito constitucional**. Porto Alegre: Livraria do Advogado, 2005, p. 13-43.

SARLET, Ingo Wolfgang; FENSTERSEIFER, Tiago. **Curso de direito ambiental**. 3. ed. Rio de Janeiro: Forense, 2022.

SARLET, Ingo Wolfgang; WEDY, Gabriel; FENSTERSEIFER, Tiago. **Curso de direito climático**. São Paulo: Thomson Reuters Brasil, 2023.

SAVITZ, Andrew W. **A empresa sustentável: O verdadeiro sucesso é o lucro com responsabilidade social e ambiental**. Rio de Janeiro: Elsevier, 2007.

SCAFF, Fernando Facury. **Responsabilidade civil do Estado intervencionista**. 2. ed. Rio de Janeiro: Renovar, 2001.

SCHNEIDER-MAUNOURY, Grégory. Le Développement de l'Investissement Socialement Responsable et ses Enjeux. In: NAJIM, Annie; HOFMANN, Elisabeth; MARIUS-GNANOU, Kamala. **Les Entreprises Face aux Enjeux du Développement Durable**. Paris: Karthala, 2003, p. 253-284.

SCHOUERI, Luís Eduardo. **Normas tributárias indutoras e intervenção econômica**. Rio de Janeiro: Forense, 2005.

SCHOUERI, Luís Eduardo. Normas tributárias indutoras em matéria ambiental. In: TORRES, Heleno Taveira (Org.). **Direito tributário ambiental**. São Paulo: Malheiros, 2005, p. 235-256.

SEABRA, Fernando; FORMAGGI, Lenina; FLACH, Lisandra. O papel das instituições no desenvolvimento econômico. In: BARRAL, Welber; PIMENTEL, Luiz Otávio (Orgs.). **Teoria jurídica e desenvolvimento**. Florianópolis: Fundação Boiteux, 2006, p. 71-86.

SETZER, Joana; CUNHA, Kamyla; FABBRI, Amália Botter (Coords.). Panorama da litigância climática no Brasil e no mundo. In: **Litigância climática: novas fronteiras para o direito ambiental no Brasil**. São Paulo: Thomson Reuters, 2019.

SIRVINSKAS, Luis Paulo. Noções introdutórias da tutela civil e penal do patrimônio genético. In: FIGUEIREDO, José Guilherme Purvin de (Coord.). **Direito ambiental em debate**. Rio de Janeiro: Esplanada, 2004, v.1. p. 189-208.

SPEDDING, Linda S. **Environmental Management for Business**. West Sussex: John Wiley & Sons Ltd., 1996.

STEURER, Reinhard; MARGULA, Sharon; MARTINUZZI, André. **Socially Responsible Investment in EU Member States: Overview of Government Initiatives and SRI Experts' Expectations Towards Governments**. Vienna University of Economics and Business Administration. Research Institute for Managing Sustainability, April 2008.

STIGLER, George J. A teoria da regulação econômica. In: MATTOS, Paulo (Coord.). **Regulação econômica e democracia: o debate norte--americano**. São Paulo: Ed. 34, 2004.

STIGLITZ, Joseph E. **Globalização. Como dar certo**. São Paulo: Companhia das Letras, 2007.

SUSSKIND, Lawrence E. **Environmental Diplomacy**. New York: Oxford University Press, 1994.

SUSSKIND, Lawrence; OZAWA, Connie. Negotiating More Effective International Environmental Agreements. In: HURREL, Andrew; KINGSBURY, Benedict. **The International Politics of the Environment**. New York: Oxford University Press Inc., 1992, p. 143-165.

THE GUARDIAN. **Paradise Almost Lost: Maldives Seek to Buy a New Homeland**. London, 12-11-2008.

TRENNEPOHL, Curt; TRENNEPOHL, Terence. **Licenciamento ambiental**. 6. ed. São Paulo: Revista dos Tribunais, 2016.

TRENNEPOHL, Natascha. **Seguro ambiental**. Salvador: JusPodivm, 2007.

TRENNEPOHL, Natascha. **Mercado de carbono e sustentabilidade: desafios regulatórios e oportunidades**. São Paulo: Saraiva Jur, 2025.

TRENNEPOHL, Natascha. Contornos de uma crise ambiental e científica na sociedade qualificada pelo risco. In: VARELA, Marcelo Dias (Org.). **Direito, sociedade e riscos. A sociedade contemporânea vista a partir da ideia de risco**. Brasília: UNICEUB, UNITAR, 2006, p. 373-390.

TRENNEPOHL, Terence. **Direito ambiental**. 5. ed. São Paulo: Saraiva, 2010.

TRENNEPOHL, Terence. **Manual de direito ambiental**. 12. ed. São Paulo: Saraiva Jur, 2025.

TRENNEPOHL, Terence. **Incentivos fiscais no direito ambiental**. 2. ed. São Paulo: Saraiva, 2011.

TRENNEPOHL, Curt; TRENNEPOHL, Natascha; TRENNEPOHL, Terence. **Legislação ambiental comentada: comentários às políticas nacionais**. 2. ed. São Paulo: Thomson Reuters Brasil, 2025.

UYEDA, Mark. **ESG: Everything Everywhere All at Once**. 2023. Disponível em: https://www.sec.gov/news/speech/uyeda-remarks-california-40-acts-group#_ftn4. Acesso em: 31 mar. 2025.

VALLE, Cyro Eyer do; LAGE, Henrique. **Meio ambiente. Acidentes, lições, soluções**. São Paulo: Editora SENAC São Paulo, 2003.

VALOR ECONÔMICO. **Barreiras ambientais são nova ameaça a emergentes**. São Paulo, 25-9-2008.

VALOR ECONÔMICO. **Empresa "verde" é esperança de lucro para consultorias**. São Paulo, 9-10-2008.

VALOR ECONÔMICO. **Política de boa vizinhança**. São Paulo, 12-9-2008.

VALOR ECONÔMICO. **Energias alternativas criarão 20 milhões de empregos "verdes"**. São Paulo, 15-10-2008.

VARELLA, Marcelo Dias. **Direito internacional econômico ambiental**. Belo Horizonte: Del Rey, 2003.

VEYRET, Yvette (Org.). **Os riscos. O homem como agressor e vítima do meio ambiente**. São Paulo: Contexto, 2007.

VIEIRA, Guilherme Bergmann Borges. **Regulamentação no comércio internacional. Aspectos contratuais e implicações práticas**. São Paulo: Aduaneiras, 2002.

VILLARS INSTITUTE. **Putting the planet at the center of global trade: the Villars framework**. Disponível em: https://villarsinstitute.org/posts/putting-the-planet-at-the-center-of-global-trade-the-villars-framework. Acesso em: 31 mar. 2025.

VOGEL, David. Barriers **or Benefits? Regulation in Transatlantic Trade**. Washington: Brookings Institution Press, 1997.

WAISBERG, Ivo. **Direito e política da concorrência para os países em desenvolvimento**. São Paulo: Aduaneiras, 2006.

WEDY, Gabriel. O Acordo de Paris e as suas perspectivas. **Revista da Escola da Magistratura do TRF da 4ª Região**, n. 12, p. 130. Disponível em: https://papers.ssrn.com/sol3/papers.cfm?abstract_id=3817935. Acesso em: 10 mar. 2025.

WEDY, Gabriel. **Litígios climáticos: de acordo com o direito brasileiro, norte-americano e alemão**. Salvador: JusPodivm, 2019.

WILDE, Mark. **Civil Liability for Environmental Damage. A Comparative Analysis of Law and Policy in Europe and the United States**. Hague: Kluwer Law International, 2002.

YOSHIDA, Consuelo Yatsuda Moromizato. As novas tendências e os novos desafios do Direito Ambiental. **Jus Navigandi**, Teresina, Ano 8, n. 313, 16 maio 2004. Disponível em: http://www1.jus.com.br/doutrina/texto.asp?id=5225. Acesso em: 10 out. 2008.

YOSHIDA, Consuelo Yatsuda Moromizato. Os desafios à proteção da saúde e segurança do consumidor na sociedade de risco: o judiciário e a efetividade das tutelas preventivas na ação civil pública. **Revista de Direitos Difusos**. Ano VIII, v. 41, Temas atuais de direito do consumidor (II), jan.-mar. 2007, p. 101.